ÉTUDES HISTORIQUES

SUR LE DIOCÈSE DE SAINT-DIÉ

NOTRE-DAME

DE

SAINT-DIÉ

PAR

M. L'ABBÉ E. L'HOTE

PROFESSEUR AU GRAND SÉMINAIRE DE SAINT-DIÉ

SAINT-DIÉ
TYPOGRAPHIE ET LITHOGRAPHIE L. HUMBERT.

NOTRE-DAME

DE

SAINT-DIÉ

IMP. L. HUMBERT.

ÉTUDES HISTORIQUES

SUR LE DIOCÈSE DE SAINT-DIÉ

NOTRE-DAME

DE

SAINT-DIÉ

PAR

M. L'Abbé E. L'HOTE

PROFESSEUR AU GRAND SÉMINAIRE DE SAINT-DIÉ

SAINT-DIÉ
TYPOGRAPHIE ET LITHOGRAPHIE L. HUMBERT.

NOTRE-DAME DE SAINT-DIÉ

AVANT-PROPOS

Partout et toujours, la sainte Vierge mérite notre culte et notre vénération. Partout elle reçoit nos vœux et nos prières. Pourtant, il est des lieux particulièrement bénis, où Marie écoute plus volontiers ses enfants, et distribue plus libéralement ses faveurs.

Qui ne connaît les célèbres sanctuaires de Fourvières, à Lyon; de N.-D. de la Garde, à Marseille; et surtout celui de N.-D. de Lourdes?

Et, sans aller si loin, n'avons-nous pas les pèlerinages de N.-D. des Ermites, en Suisse; de Marienthal et de N.-D. des Trois-Epis, en Alsace; de N.-D. de Benoîtevaux et de N.-D. de Sion, en Lorraine?

Mais qui sait? Peut-être un certain nombre de nos compatriotes, voire même des habitants de Saint-Dié, ne soupçonnent-ils pas qu'au chef-lieu de notre diocèse, nous possédons un sanctuaire fameux, et dont la gloire, aujourd'hui quelque peu obscurcie, brilla jadis d'un éclat resplendissant.

La *Petite-Eglise* (car c'est ainsi qu'on désigne vulgairement, à Saint-Dié, le sanctuaire de Notre-Dame), la *Petite-Eglise,* dis-je, n'est pas seulement un monument digne de fixer l'attention des archéologues; c'est un lieu béni et sanctifié par une apparition miraculeuse de Marie; ce fut, pendant de longs siècles, le but d'un pèlerinage très fréquenté ; ce fut le théâtre de nombreux prodiges, obtenus par l'intercession puissante de la Reine du Ciel.

On lira volontiers quelques mots sur l'histoire de ce sanctuaire.

La mémoire des antiques bienfaits de Marie, la pensée de la dévotion et de l'esprit de foi qui animaient nos aïeux, réchaufferont dans nos cœurs la flamme de l'amour que nous devons à la Mère de Dieu.

Désormais, en pénétrant sous ces voûtes tant de fois séculaires, nous songerons à la sainteté du lieu qui nous abrite ; et ces murs antiques, en nous renvoyant l'écho de nos pas ou de nos prières, nous feront souvenir qu'ils ont répercuté jadis tant d'oraisons ferventes et si merveilleusement exaucées.

CHAPITRE PREMIER

ORIGINE DU SANCTUAIRE DE NOTRE-DAME

Vers le milieu du septième siècle, saint Dié ou Dieudonné, fuyant le monde, et cherchant la solitude, s'arrêta sur la rive gauche de la Meurthe. Il y bâtit un oratoire en l'honneur de saint Martin, au pied de la montagne du Camberg.

Une vallée inculte, en friche et marécageuse, un cours d'eau errant à l'aventure, sans pouvoir se creuser de lit, des montagnes sauvages et hérissées de rochers, tel était à cette époque l'aspect de notre val de Saint-Dié. Tout semblait indiquer ce lieu comme la retraite la plus sûre à un amant de la solitude. Mais Dieudonné avait beau chercher la solitude, la solitude paraissait le fuir.

En dépit de ses désirs et de son humilité, l'austère anachorète se vit bientôt à la tête de nombreux disciples, qui **voulaient vivre sous sa conduite.**

Saint Dié trouva dans sa charité un moyen de concilier son attrait pour la vie érémitique, avec les soins qu'il devait à ses disciples.

Il résolut de bâtir, à côté de sa cellule, un monastère pour sa communauté. Quant à lui, il continuerait à demeurer dans son ermitage, et ne viendrait au monastère qu'autant que le demanderait la direction spirituelle de ses religieux.

Il distribua donc les divers emplois, et l'on se mit à l'œuvre aussitôt. Bien qu'on dût élever l'édifice au pied du Camberg, c'était à la montagne d'Ormont qu'on allait s'approvisionner de matériaux. On y taillait les pierres, et on y façonnait le bois. Apparemment qu'à cette époque, le Camberg n'était pas suffisamment boisé.

Quoiqu'il en soit, les travaux étaient poussés avec ardeur, sous la surveillance d'un frère plus habile, qui revenait tous les soirs, auprès du saint évêque. Un jour qu'il se sentait très fatigué, le surveillant n'eut pas le courage de passer la rivière, et de regagner l'oratoire de Saint-Martin. Les eaux, dit un auteur, avaient débordé subitement, et la traversée n'aurait pas été sans péril. Cette assertion n'est pas invraisemblable. On ne la trouve pas néanmoins dans les plus anciens auteurs. Ils disent seulement que ne se souciant pas de repasser la rivière ce même soir, le surveillant se décida à passer la nuit sur le monticule situé au pied de la montagne. Il voulait ainsi gagner du temps, et se trouver plus tôt le lendemain au milieu des ouvriers.

Il s'endormit donc sur le monticule des *Jointures*, ainsi nommé parce qu'il domine le confluent du ruisseau de Robache avec la Meurthe.

* *
*

Pendant son sommeil, ce bon frère fut favorisé d'une vision. La sainte Vierge lui apparut, et lui ordonna de bâtir le monastère, à l'endroit même où il prenait son repos. Elle lui disait : « Ecoute, mon enfant bien-aimé, et remarque bien la place où tu dors maintenant. Je l'ai choisie comme un lieu agréable, pour le service et le culte de Dieu. Va donc, et dis au prélat ton bon maître, d'abandonner le dessein qu'il avait conçu de bâtir auprès de son ermitage. C'est ici qu'il doit le faire. Et Dieu ne manquera pas de l'aider et de bénir ses travaux. »

A son réveil, le surveillant courut en toute hâte trouver saint Dié, et lui raconta sa vision. Le pieux prélat n'hésita pas à se conformer au céleste avis qu'on lui mandait, et tout aussitôt, il fit poser une pierre au lieu indiqué. Bientôt, on éleva un sanctuaire, et l'on prit soin de placer le maître-autel, à l'endroit précis où la vision s'était fait voir. On dédia cette église à la sainte Vierge, et aussi aux douze Apôtres et aux saints évêques de Trèves, Euchaire, Valère, Materne et Maximin.

Cette première église n'avait sans doute rien de remarquable par son architecture. Mais elle fut sanctifiée par les prières de fervents religieux et surtout par celles de saint Dié et de saint Hydulphe. Ce fut dans ce sanctuaire, qu'on enterra provisoirement le corps de saint Dié, et l'on sait qu'à cette occasion saint Hydulphe y célébra fréquemment le saint sacrifice de la Messe.

Quelques siècles plus tard, on édifia au même lieu l'église que nous voyons encore aujourd'hui. Nous en parlerons prochainement.

CHAPITRE II

COUP D'ŒIL SUR LA PETITE-ÉGLISE

Dans le quartier le plus tranquille de la ville de Saint-Dié, discrètement abritée par les arbres des jardins voisins et par les constructions qui l'enserrent, près de la cathédrale, dont elle n'est séparée que par un cloître, s'élève la *Petite-Église* dont nous avons promis de parler.

Elle a été construite sur l'emplacement de l'ancien sanctuaire de Notre-Dame, bâti par les soins de saint Dié. Il est même probable (et pour notre part, nous n'hésitons pas à le croire), que l'autel actuel de la Petite-Église est encore à l'endroit précis où le pieux disciple s'était endormi, quand la sainte Vierge daigna lui apparaître et lui parler.

Le grand autel de l'église primitive, nous l'avons dit, fut érigé en ce lieu même. Or, il est moralement impossible que plus tard on ait voulu le déplacer. Pourquoi les abbés, successeurs de saint Dié, et plus tard les grands prévôts auraient-ils fait ou permis un tel changement? N'avaient-ils pas tout intérêt à veiller soigneusement à la garde d'une tradition aussi précieuse? Et quel motif aurions-nous de les soupçonner d'incurie ou de négligence à ce sujet?

Mais approchons.

A première vue, et pour le visiteur le moins initié aux sciences archéologiques, la Petite-Église respire un parfum de vénérable antiquité. Mais pour l'archéologue, c'est avec une vraie jouissance qu'il en contemple l'ensemble et les détails. Toutes les parties de l'édifice ne remontent pas cependant à la même époque, bien que plusieurs savants aient affirmé que la Petite-Église est tout entière du style carlovingien, sans aucun mélange des styles postérieurs.

Nous nous aiderons, pour faire connaître un peu ce monument, de l'intéressant travail publié sur l'église Notre-Dame, dans le *Bulletin de la Société Philomatique vosgienne*, année 1882-1883 (1).

* *

Telle qu'elle se présente aujourd'hui à nos yeux, la Petite-Église se compose de trois nefs terminées chacune par une

---

(1) Ce travail a été tiré à part en une brochure in-8°, qui se vend à l'imprimerie L. Humbert, à Saint-Dié. (Prix 2.75 *franco* par poste).

abside, et précédées d'une tour dont la partie supérieure a été détruite.

Les trois nefs et les deux absidioles des bas-côtés sont du XIe ou du XIIe siècle.

La tour et l'abside principale sont plus anciennes. Elles doivent remonter au IXe siècle, et présentent tous les caractères de l'époque carlovingienne.

Reste-t-il quelque vestige de l'église primitive, bâtie au VIIe siècle? Rien ne l'indique, mais il est probable qu'après la démolition de l'ancienne bâtisse, on fit entrer dans la nouvelle construction quelques-uns des matériaux qui en provenaient.

A l'appui de cette assertion, on peut citer le fragment d'inscription qu'on voit encore dans le narthex ou porche de l'église Notre-Dame, près de l'angle sud-est à l'intérieur. « On voit par la brisure de la première et de la dernière lettre, qui n'existent plus qu'en partie, que l'inscription était plus grande, et que ce fragment, retaillé par les ouvriers du IXe siècle, pour pouvoir l'utiliser dans la construction, est antérieur au narthex carlovingien. Il a du reste tous les caractères du VIIe siècle. » (*Bulletin de la Société Philomatique, page 43.*)

A l'époque carlovingienne, l'aspect de l'église Notre-Dame était différent de celui qu'elle offre aujourd'hui. On peut s'en faire une idée par un tableau du XVIIe siècle, conservé à la Petite-Église, et représentant la mort de saint Dié. Nous ignorons où l'artiste avait puisé son inspiration. En tout cas, son œuvre concorde parfaitement avec toutes les données historiques et archéologiques. Elle nous apparait donc revêtue de réelles garanties de véracité et d'authenticité. Voici la description de cette église, d'après la peinture en question.

C'est « une nef sans bas-côtés, sans contreforts, et par conséquent non voûtée, percée de trois fenêtres géminées, et d'une porte au midi, à la place où elles existent encore. A l'orient, le chœur est formé par une seule abside, plus basse que la nef, avec cinq fenêtres surmontées d'arcades et séparées par des colonnettes... Enfin, à l'occident, une tour élevée surmonte le porche avec deux étages de baies romanes, et une puissante retraite de mur au dessus du portail. » (*Bulletin de la Société philomatique, page 60.*)

Au commencement du XIe siècle, on remplaça la grande nef qui tombait de vétusté, et l'on construisit les bas-côtés, à peu près tels que nous les voyons aujourd'hui.

A cette date, la grande nef seule était voûtée, ce qui lui permit de résister à l'incendie de 1065 ; mais les bas-côtés qui n'étaient que plafonnés en bois, furent notablement endommagés, et l'on prit le parti de les voûter. Cette amélioration toutefois ne changeait rien à la structure extérieure du monument.

Un autre incendie, qui éclata en 1155, fut plus violent et laissa des traces plus profondes. La grande voûte qui menaçait ruine fut restaurée presque à neuf. On ne conserva que les arcs doubleaux déformés par l'incendie. Quant aux voûtes des bas-côtés, elles furent conservées, malgré leur déformation.

Depuis le XIIe siècle, l'église Notre-Dame n'a plus subi de transformation importante que dans la tour. « La partie supérieure de cette tour fut détruite sans doute par un incendie de la charpente, car on remarque à l'intérieur la calcination des carreaudages. On en démolit donc les restes, jusqu'au niveau de la toiture de la nef, à une époque postérieure... et l'on voit encore sous les combles les traces de cette démolition... Les étages inférieurs de la tour étant solidement voûtés se sont parfaitement conservés. » (*Ibid., pages 60-61.*) Les voûtes des nefs résistèrent aussi à la violence du feu.

Ce fut, croyons-nous, l'incendie de 1554, qui amena la destruction de la tour de l'église Notre-Dame. Nous lisons, en effet, dans un acte de l'ancien Chapitre de Saint-Dié, qu'en cette année 1554, le feu qui s'était déclaré d'abord dans une maison de la ville, en embrasa bientôt un certain nombre d'autres; puis, que sous l'influence du vent qui activait la flamme, l'incendie gagna la grande église et enfin celle de la Bienheureuse Vierge. Il produisit d'affreux ravages dans ces deux sanctuaires. Leurs tours, leurs flèches, leurs toitures devinrent la proie des flammes. A la chaleur du brasier, le métal des cloches et des orgues se fondit ; et pour comble de malheur, deux chanoines périrent dans cet incendie. (*Ecclesiœ San-Deodatensis Monumenta.*)

*

Si nous entrons dans l'intérieur de cette église, nous y reconnaissons aussitôt tous les caractères du style roman. C'est d'abord le porche ou narthex, sombre et massif, comme à l'époque carlovingienne. « La voûte offre cette particularité, qu'elle est plutôt une coupole, ornée de quatre nervures, qu'une véritable voûte d'arêtes. A sa clef, est sculptée une tête d'homme, avec la longue barbe et les cheveux qui caractérisent cette époque. » (*Bulletin de la Société Philomatique, pages 68-69.*)

On pénètre dans la nef en gravissant plusieurs degrés. Les voûtes en « sont supportées par huit piliers, ornés chacun de quatre demi-colonnes... Chacun des bas-côtés est éclairé par cinq petites fenêtres à plein cintre, situées à 5^{m}70 au dessus du sol ; et la grande nef prend jour de chaque côté par trois grandes fenêtres géminées, également à plein cintre. » (*Ibid., page 101.*)

La grande abside est plus élevée que la nef de six degrés. Elle n'est plus éclairée aujourd'hui que par trois fenêtres. Celle du milieu est masquée par une statue de la Sainte Vierge, portant l'enfant Jésus, et la cinquième au nord, a été bouchée lors de la construction de la sacristie.

Les deux absidioles sont percées chacune de deux fenêtres. On a enlevé les autels qu'on y avait érigés autrefois. Dans celle du sud, autrefois dédiée à saint Michel, et plus tard à saint Jean-Baptiste, on ne voit plus aujourd'hui qu'une **statue de saint Joseph**. De même, l'absidiole du nord, qui était autrefois dédiée à sainte Madeleine, et qui, en 1793, contenait l'autel du Purgatoire, ne renferme plus maintenant qu'une statue de la Sainte Vierge.

Les murs de l'église sont tapissés d'une série de tableaux, retraçant pour la plupart quelque épisode de la vie de saint Dié.

La statue de la Sainte Vierge qu'on voit au fond de l'abside principale, derrière le maître-autel, est tout à fait moderne, et ne rappelle aucun souvenir; mais la Vierge qu'elle représente est toujours cette Vierge puissante qui a manifesté tant de fois l'efficacité de son intercession auprès de Dieu; c'est toujours la Vierge clémente et miséricordieuse, prête à écouter les plaintes des malades et des affligés.

. .

L'église Notre-Dame, tant de fois incendiée, renaquit toujours de ses cendres. Et depuis le VIIe siècle jusqu'à nos jours, elle n'a cessé d'être visitée par de nombreux pèlerins.

La Petite-Eglise reçut jadis les honneurs de la consécration. En quelle année ? Nous l'ignorons. Ce que nous savons, c'est que ce dut être un premier jour de mai, car c'est en ce jour que l'ancien *Propre* de l'insigne église collégiale de Saint-Dié célébrait l'anniversaire de cette Dédicace. Nous lisons, en effet, dans le calendrier placé à la tête de ce *Propre,* à la date du 1er mai : *Dedicatio Ecclesiæ B. M. V., dupl. 1 cl.,* c'est-à-dire : Dédicace de l'Eglise de la Bienheureuse Vierge Marie, double de 1re classe.

Faut-il voir, dans cette date du 1er mai, une heureuse mais simple coïncidence ? Ou bien, avait-on choisi cette date, pour les mêmes raisons qui plus tard ont fait consacrer à Marie le mois de mai ? Rien ne nous l'indique. Mais il nous est doux de le croire. L'Eglise de Saint-Dié a toujours été dévote à Marie. Et c'est pourquoi, quand reviendra le premier jour de mai, nous songerons que pendant de longs siècles, le clergé et le peuple de Saint-Dié fêtaient déjà ce jour, en l'honneur de notre bonne Mère du ciel.

CHAPITRE III

LE MANUSCRIT DES MIRACLES OPÉRÉS PAR NOTRE-DAME DE SAINT-DIÉ AU XIIIme SIÈCLE

La Sainte Vierge a plus d'une fois témoigné par des miracles, combien elle aime à être invoquée dans son sanctuaire de Saint-Dié.

Ce sont les prodiges qui font la renommée d'un pèlerinage; et si celui de la Petite-Eglise fut si célèbre, dès les temps anciens, c'est, à n'en pas douter, en raison des faveurs merveilleuses et multipliées que Marie se plut dès lors à y départir.

L'histoire a conservé le souvenir de plusieurs de ces prodiges, surtout de ceux qui s'opérèrent dans la seconde moitié du XIIIe siècle.

Mais déjà, avant cette époque, d'innombrables merveilles avaient glorifié l'antique sanctuaire. Et en parlant ainsi, nous n'avançons rien au hasard, nous n'accordons rien à la conjecture. C'est un auteur du XIIIe siècle qui nous l'assure expressément. « On raconte, dit-il, beaucoup de prodiges opérés autrefois, mais je n'en dirai rien : je ne veux rapporter que ceux dont j'ai été témoin. »

Toutefois, à ce qu'il semble, ce fut au milieu du XIIIe siècle, que les prodiges se multiplièrent en plus grand nombre. Leur souvenir nous a été conservé dans un récit, qui mérite attention à plus d'un titre.

Ce n'est pas seulement une série de faits édifiants; c'est encore une pièce littéraire curieuse, et qu'on aurait le tort de laisser dans l'oubli.

Les *Miracles de Sainte Marie de Saint-Dié* (*Miracula S. Mariæ San-Deodatensis*, comme les appelle Jean Ruyr), sont l'œuvre d'un clerc attaché à l'église de Saint-Dié, probablement d'un chanoine de l'ancienne collégiale. L'auteur était contemporain des faits qu'il raconte, et il en fut témoin oculaire ou au moins auriculaire. Son langage respire à la fois un parfum de douce piété, et une charmante naïveté. Il mérite d'ailleurs toute confiance : car, il ne s'en rapporte pas aux on-dit, et il ne s'attache qu'aux faits authentiques et arrivés de son temps.

* *

Après un court prologue en prose, l'auteur aborde le récit de trente-deux miracles. Le style est différent de la poésie latine classique, et semble préluder à notre versification française; on y trouve, en effet, la rime et l'hémistiche.

Ce genre de composition, dont nos proses liturgiques nous fournissent plusieurs exemples, était alors peu usité, car l'auteur s'en excuse comme d'une nouveauté.

Le texte original des *Miracula S. Mariæ San-Deodatensis* a été reproduit par le savant archiviste Vuillemin, dans ses *Ecclesiæ San-Deodatensis Monumenta*. Mais nous en avons une copie plus authentique dans un manuscrit de la bibliothèque de la ville de Saint-Dié, et provenant de l'ancien chapitre.

Voici ce qu'en disait M. le chanoine Coly, qui l'a eu entre les mains, et qui l'a transcrit avec soin le 16 mars 1843 :

« M. Simon, principal du collège et bibliothécaire de la ville qui me l'a mis en mains, le juge du XIIIe siècle. Il est sur parchemin, écrit à deux colonnes, en huit pages et demie et cinq lignes, dont la hauteur (les feuilles n'étant pas égales) est de 33 et même de 35, et la largeur de près de 31 centimètres. L'exemplaire semble avoir été fait pour entrer dans un Légendaire, et les feuillets paraissent visiblement avoir été détachés d'un volume. De plus, ils portent en tête, quoique d'une autre main, les nombres 216 et suivants, jusqu'à 220, ce qui ne peut être qu'une indication du *folio*.

« Ce n'est pas le manuscrit autographe; car on a laissé en blanc l'espace de quatre syllabes, qu'apparemment on n'aura pu lire, et il n'y a point de nom d'auteur ni de signature; mais c'est une copie fidèle, puisque durant tant de siècles, on ne les a pas remplacées, quoiqu'il fût facile de le faire par les mots *ægræ linguæ*, ou *uni linguæ*, ou par d'autres qui offrent un sens autorisé par le contexte.

« Je pense que c'est le manuscrit dont parle Ruyr, dans les *Sainctes Antiquitez de la Vosge*. Le P. Benoît Picard parle aussi du livre des *Miracles de Notre-Dame de Saint-Dié*, dans son *Histoire de la ville et du diocèse de Toul* (page 454), et ce qu'il en cite est conforme à notre manuscrit. »

Les vers sont de treize syllabes, et l'hémistiche se trouve après le septième pied. Dans la série des 352 vers qui composent actuellement le poëme, on en rencontre cependant quelques-uns qui dérogent à cette règle. Quelquefois aussi la rime fait défaut.

Faut-il y voir des incorrections dont l'auteur doit assumer la responsabilité ? N'y a-t-il au contraire que des négligences de copiste ? Ou bien l'auteur s'est-il accordé toute liberté, sans vouloir s'astreindre à une règle inflexible ? Cette dernière hypothèse nous paraît la plus probable.

Quoiqu'il en soit, et tels que nous les avons, les *Miracles de Notre-Dame de Saint-Dié* nous semblent dignes de sortir de l'oubli, où on les a trop longtemps laissés ensevelis.

Jean Ruyr en a donné une traduction, mais elle est incomplète et trop peu littérale. L'auteur des *Saints du Val de Galilée* s'est borné à le reproduire. Nous ne nions pas le mérite de cette traduction, mais il faut avouer qu'elle présente aujourd'hui des expressions par trop surannées.

Une traduction simple, complète, et aussi littérale que possible fait défaut. Serons-nous assez heureux pour la faire ? Nous l'essaierons, en nous aidant du travail et des conseils d'un professeur de l'Institution Saint-Nicolas, de Rambervillers.

Nous y joindrons le texte latin. Il mérite d'être connu. Jusqu'alors, que nous sachions du moins, il n'a été imprimé qu'une fois, dans les *Notes et Pièces justificatives des Saints du Val de Galilée*, pages 442 et suivantes.

Mais il faut bien le dire, il y apparaît tout défiguré et dénué de ses charmes. Leçons vicieuses et altérées, ponctuation nulle ou défectueuse, absence d'indication pour signaler la rime et la mesure: tout contribue à faire perdre à ce poëme sa physionomie propre. Si l'on ne voulait pas mettre à la ligne après chaque vers, pourquoi n'avoir pas imité le manuscrit de la bibliothèque de la ville de Saint-Dié, où la première lettre de chaque vers est marquée d'un trait rouge, qui la rend aussitôt reconnaissable?

En éditant d'une façon plus correcte et plus soignée le texte de ce petit poëme, nous ferons donc œuvre de réhabilitation. Et, nous ne doutons pas que bon nombre de nos lecteurs n'éprouvent une véritable satisfaction à savourer, dans son texte original, le récit des miracles opérés par Notre-Dame, dans son sanctuaire de Saint-Dié.

CHAPITRE IV

LES MIRACLES DE NOTRE-DAME DE SAINT-DIÉ AU XIIIme SIÈCLE

Au nom du Seigneur. Ainsi soit-il.

L'église de la Bienheureuse Marie, dans la ville de Saint-Dié, en Vosges, au diocèse de Toul (¹), est de nouveau le

---

(1) C'est ici une simple énonciative, qui ne tire pas à conséquence, pour trancher la question de la non-exemption du Val de Saint-Dié, par rapport au diocèse de Toul. On trouve, à cette même époque, plusieurs actes, chartes ou diplômes, qui expriment formellement l'exemption de l'église de Saint-Dié, et sa dépendance immédiate du Saint-Siège.

In nomine Domini. Amen.

Miraculorum evidentia quæ in Ecclesià Beatæ Mariæ, in villà Sancti Deodati in Vosago, Tullensis diocesis, sub oculis nostris de novo fre-

théâtre de nombreux miracles, dont nous sommes les témoins oculaires. Le Seigneur les opère aussi bien en faveur des étrangers et des inconnus, qu'à l'égard de nos amis et de nos concitoyens.

L'évidence de ces prodiges, le respect qu'on doit aux œuvres divines, nous sollicitent et nous pressent de ne pas laisser périr, avec ce monde fugitif, tant de faits si dignes d'un éternel souvenir.

C'est donc sans peine que nous secouerons notre torpeur, et que nous nous appliquerons à en faire le récit, dans un style familier, aussi accessible aux simples qu'aux érudits.

Nous voudrions, par devoir de charité, que ceux qui viendront après nous, et qui trouveront quelque charme dans cette lecture, partagent la joie que nous éprouvons en voyant ces merveilles.

Les jugements canoniques de ces miracles ont été portés dans l'église de Saint-Dié, mère et maîtresse du sanctuaire de la Bienheureuse Vierge.

Etaient présents, Monseigneur Jean de Fontenay, Grand Prévôt, évêque élu de Toul; maître Woiry de Darnieulles, doyen, remplissant alors les fonctions d'official de l'évêché

---

quenter emergunt, ac divinorum operum circà notos et ignotos, advenas et domesticos, reverentia nos compellunt et inducunt, ut ea quæ digna sunt perenni memoriâ, cum mundo labili ne labantur, de facili otio torporis abjecto; curamus tàm rudibus quàm provectis leviore stillo describenda: ut quorum visione gaudemus, successores nostros quos delectaverit lectio caritatis officio nostræ lætitiæ participes efficere studeamus.

Cœperunt itaque miraculorum judicia fieri, præsentibus in Ecclesiâ Beati Deodati, quæ Basilicæ Beatæ Virginis mater est et magistra, domino Johanne de Fontenai, magno Præposito, Tullensis Ecclesiæ tunc electo; magistro Werrico de Darnolio decano, tunc temporis curiæ

de Toul; Monsieur Symon de Paroye, chantre constitué en dignité; Nicolas d'Amance, écolâtre. (¹)

L'an du Verbe Incarné 1274.

J'entreprends ce récit à la gloire du Seigneur, Fils du Père, et à la louange de la Vierge, sa pieuse Mère. Mon style revêtira une forme nouvelle ; mais il sera d'accord avec la règle de la vérité.

Vain labeur, me dira-t-on peut-être : C'est un poëme que tu oses entreprendre, et tu n'en connais pas les lois. Arrête-toi donc dès le début, et renonce bien vite à ton projet.

Vous avez raison, répondrai-je, mais je me rassure, en songeant à la parole que le Seigneur adressait à ses disciples : Ouvrez la bouche, et je la remplirai d'éloquence. Au reste, si mon talent est insuffisant, j'aurai pour excuse mon amour du bien public.

(1) Depuis sa sécularisation, dans le courant du X⁰ siècle, l'église collégiale de Saint-Dié était gouvernée par un Grand-Prévôt et par un Chapitre de Chanoines. La première dignité du Chapitre était celle de Doyen. Après celui-ci venaient le Chantre et l'Ecolâtre.

Tullensis officialitatis fungente officio; domino Symone de Parroyâ, cantore constituto ; Nicholao de Amantià, scholastico.

Incarnati Verbi anno MCCLXXIV.

Ad honorem Domini, Genitique Patris,
Et ad laudem Virginis, ejus piæ Matris,
Hoc opus aggredior, stillo novitatis,
Cum stillo conveniet norma veritatis.
Forté, dicet aliquis, in vanum laboras,
Carmen quod aggrederis, quale sit ignoras :
Principiis obsta, desine, tolle moras.
Vera dicis, aio, sed me consolatur
Quod Deus discipulis dixisse probatur;
Aperi os tuum et adimplebo illud;
Et si minor sit mihi sensus clericalis,
Parcat mihi deprecor amor socialis.

C'est pourquoi je demande à Celle dont la prière m'obtiendra le salut, le don de sa prompte assistance.

Et maintenant, je me hâte d'aborder mon sujet.

Je décrirai seulement les prodiges accomplis récemment. On en raconte beaucoup d'autres opérés autrefois ; mais je n'en dirai rien, car je ne les ai pas vus. Ceux que je rapporte se sont passés sous mes yeux, et devant mille autres témoins. Toute la ville peut en attester la vérité. On peut donc sans crainte y ajouter foi. Les faits que je vais relater sont l'exacte vérité ; il n'est pas permis d'en douter.

Premier miracle. Guérison d'une femme contrefaite.

Une pauvre femme, qui se disait française d'origine, avait les jambes tellement repliées que ses genoux lui oppressaient la poitrine. Les médecins avaient inutilement employé toutes les ressources de leur art pour la redresser. Son mari l'avait transportée sur ses épaules, de sanctuaire en sanctuaire,

---

Ob hoc precor celeri dono præstet opem
Cujus prece fieri salvus habeo spem.
Post hoc ad propositum concite redibo,
Et quæ nuper gesta sunt miracula scribo,
Licet de præteritis multa recitentur,
Per me cum non viderim nunquàm describentur.
Quæ coràm me gesta sunt, et aliis mille,
Sed et testimonium hujus grandis villæ,
Tutè potest quilibet fidem adhibere.
Quæ describo vera sunt, non est fas timere.

Quædam pauper mulier jacebat in villà,
Quæ nullam notitiam habebat in illà;
Quæ se Francigenis genitam dicebat,
Cujus utrumque genu pectus deprimebat,
Nec medicorum ope longari valebat.
Vir ejus multivagè humeris ferebat,

implorant partout la protection des saints. En dernier lieu, il avait dirigé ses pas vers les Vosges, et gagné la ville de Saint-Dié. Mais, épuisé de vieillesse, de fatigues et d'ennuis, il n'avait pas tardé à y rendre le dernier soupir.

Cette mort aggrava cruellement le sort de l'infirme. Couchée sur un méchant grabat, abandonnée sans amis ni connaissances dans une ville étrangère, la malheureuse se voit en butte à la faim, à la soif, au froid et à la peste. Que faire ? Les joues baignées de grosses larmes, elle s'adresse à Dieu, toute en pleurs, et le supplie en ces termes :

Dieu Tout-Puissant, plein de douceur et de miséricorde, vous qui envoyez votre secours à qui il vous plaît, et qui, sans acception de personnes, voyez le fond des cœurs et les larmes de ceux qui pleurent; vous qui entendez les gémissements des malheureux, accordez-moi votre protection, soyez mon médecin, car vous exaucez toujours une prière bien faite.

Mais peut-être dédaignerez-vous ma misère et mon abjec-

Sanctorum præsidia hùc illùc quærebat.
Tandem apud Vosagum suos vertit gressus,
Et Sancti Deodati villam est ingressus ;
Senio, tàm tædio, quàm labore fessus,
Vir hic brevi spatio vitam expiravit.
In ægrotam mortui fatum redundavit.
Fame, siti, frigore pestis eam stravit.
Quid faciat misera penitùs ignorat;
Sed genas uberibus lacrymis irrorat,
Et Deum flebiliter his precibus orat :
O Deus omnipotens, dulcis atque mitis,
Qui tuum præsidium quibusvis immittis,
Et personas hominum nequaquàm admittis;
Qui tamen consideras intellectum mentis,
Miserorum gemitus, et lacrymis flectis,
Da mihi subsidium ad modum medentis.
Nàm quod dignè petitur, dignanter impendis.
Sed fortassè miseram, abjectamque spernis,

tion, car je suis indigne de vos faveurs, à cause de mes fautes sans nombre. C'est à bon droit que vous me repoussez : je suis souillée de tant de péchés, mes œuvres sont mauvaises, et mes discours sont orgueilleux. Mais si vous refusez d'exaucer les prières d'une misérable pécheresse, je m'empresserai de recourir à la protection de celle qui a pour mission de secourir les malheureux.

O Mère de Dieu, consolatrice des affligés, obtenez à ma faiblesse grâce et secours, dans la mesure que vous me savez avantageuse. Ainsi soit-il.

Et voilà que soudain, cette femme si affligée tombe dans un profond sommeil. Dans son extase, une voix du Ciel, douce messagère de bonheur, retentit à son oreille et lui dit : Tu dors, ô ma sœur, mais lève-toi, courage, lève-toi promptement, et cours à l'église de Celle qui est notre salut, et c'est là que tu obtiendras la grâce que tu sollicites avec tant de larmes. Eveillée en sursaut, elle se lève aussitôt, fait ce qu'on lui dit, et ne tarde pas à ressentir la joie d'une complète guérison.

Et nous aussi, nous prions cette Vierge sans égale d'accor-

Nàm plenam flagitiis, indignamque cernis.
Me merito respuis, sum fœda delictis,
Et pravis operibus, et superba dictis.
Sed si preces miseræ non vis exaudire,
Ejus ad præsidium festina venire
Cujus est officium pressis subvenire.
Hùc, ô Dei Genitrix, mœstorum solamen,
Impotenti veniam præstes et juvamen
Sicut precanti expedire vis. Amen.
Intereà subito mœsta sommo rapitur,
De supernis veniens ecce vox delabitur,
Quæ sic eam excitat voce boni nuntiâ :
Surge, soror, dormis, an surge velox eia,
Nostræ Salvatricis tendas ad ecclesiam,
Et quam poscis ejulans impetrabis veniam.
Surgit velox, concita facit quod hortatur,
Et salute corporis reddita lætatur.

der son secours tutélaire à tous ceux qui en ont besoin. Ainsi soit-il.

Deuxième miracle. Délivrance d'un prisonnier.

Je vais vous rapporter un autre grand prodige, bien digne d'être raconté, et de faire le sujet de notre admiration. De longtemps, prodige pareil ne s'est vu, et c'est dans notre sanctuaire qu'il s'est récemment opéré.

Un jeune homme avait été arrêté à Deneuvre, pour avoir fait remise d'une dette contractée envers son seigneur. On le descendit, à l'aide d'une corde, au fond d'une tour, où il éprouva bientôt le supplice de la faim. L'infortuné implore dévotement le secours de Marie; il supplie cette Reine puissante de le délivrer de ses tourments, et de lui rendre pleine et entière liberté, lui promettant, si elle exauce sa prière, d'aller aussitôt à son sanctuaire, en braies et en chemise, et sans manteau.

Hanc et nos deposcimus quæ non habet parem ;
Opem indigentibus præstet salutarem. — Amen.

Aliud miraculum vobis scribo magnum,
Admiratione et relatu dignum.
Talis multo tempore non fuit inventus :
Nuper in ecclesiâ fuit hic eventus.
Juvenis de remisso domini debito Danubrii captus,
In profundo turris est funibus demissus ;
Qui dùm sibi fame extitit depressus,
Mariæ subsidium implorat devotus
Ut ipsum eriperet ab hoc cruciatu,
Et liberum redderet suo dominatu.
Ipsam mox repeteret concito meatu,
Braccis et camisiis amoto velatu.

Or, la tour était fort élevée, bien cimentée, et sans lézardes aucunes. Néanmoins, à peine notre prisonnier a-t-il formulé sa promesse, à peine sa voix a-t-elle expiré sur ses lèvres, que la Bienheureuse Vierge exauce sa prière.

Soudain, en effet, il lui semble voir quelqu'un qui l'exhorte à monter, et il se sent comme soulevé de terre. Convaincu de la réalité de cette vision, il commence à ramper le long du mur, comme l'aurait fait une agile souris. On eût dit que la Vierge elle-même le soutenait en l'air. Enfin il est arrivé au haut de la tour, mais le sommet en est fermé par une solide plate-forme. Il y a bien au milieu une ouverture étroite, celle qui donnait passage aux malheureux captifs, mais elle est bouchée par un énorme fardeau.

Qu'on n'en doute pas cependant. Le jeune homme, suspendu dans le vide, parvient à l'entrée de la tour.

Il attaque alors la pierre qui bouche cette ouverture, la soulève aisément et sans la moindre fatigue. Soudain, la

---

Turris erat ardua, benè cæmentata,
Nullà sui fuerat in parte rimata.
Vix istis pollicitis, vix voce finita,
A Beatà Virgine vox est exaudita.
Mox sibi visum fuit à quodam hortari,
Ut sursùm ascenderet, credens sublimari.
Visum credens firmiter certum demonstrare,
Cœpit murum seorsùm quasi mus reptare,
Utpotè quem voluit Virgo sublimare.
Et sursùm ut spirulus ad summum conscendens,
Turris habet summitas solarium forte,
Parvum habens medio foramen per quodque
Captis patet aditus, onus ferens grande.
Nemo tamen dubitet aere suspensum
Juvenem pertingere turris ad ingressum;
Foramen aggreditur lapidibus pressum,
Hoc leviter penetrat, nec se sentit fessum :
Ostia clausa sibi iter dant apertum,

porte fermée s'ouvre devant lui. Le voici sur le haut de la tour ; puis d'un bond il est à terre. Les rochers sur lesquels heurtent ses pieds lui paraissent avoir le moelleux de la paille ou du foin.

Tout joyeux, il vient aussitôt visiter le sanctuaire de Marie, et y raconte à qui veut l'entendre toute l'histoire de sa merveilleuse délivrance. Dès lors, il se voue à perpétuité au service de la Vierge qui l'a miraculeusement arraché aux ténèbres de son cachot.

Et nous aussi, implorons dévotement, par nos prières, le secours de Marie, afin qu'elle nous préserve tous de l'éternelle mort. Ainsi soit-il.

Troisième miracle. Guérison d'une femme infirme.

A ce miracle en succéda bientôt un autre, qui contribue à augmenter la gloire de la Mère de Dieu.

Il y avait à l'hôpital de Saint-Dié une pauvre femme qu'on soignait depuis plus d'un an. Elle était si faible et si débile

---

Muros scandit, et indè magnum dedit saltum ;
Super saxa corruit quæ fœnum ut stipulam mollia pro-
Ex hoc fanum Mariæ lætus visitavit;   [bavit.
Et gestorum seriem cunctis explanavit ;
Se perpetim Virgini servum deputavit,
Quæ de lacûs tenebris illum liberavit.
Cujus opem precibus devoti precemur,
Ut à morte miserâ cuncti liberemur. — Amen.

Aliud miraculum mox huic successit,
Per quod Matris Domini semper honor crescit,
Quædam muliercula Sancti Deodati
Per annum et amplius stans in hospitali,

qu'elle ne pouvait ni se lever, ni se tenir sur ses pieds.

Voulait-elle se transporter d'un lieu à un autre, elle ne le pouvait qu'en se traînant à terre, appuyée sur ses mains et sur son siège.

Une nuit, pendant son sommeil, elle crut voir un homme d'une grande beauté, et vêtu d'une robe blanche, qui lui tint ce langage : Si tu veux marcher droit, rends-toi demain, à l'aube du jour, dans le sanctuaire de la Mère de Dieu, tu y trouveras le remède à ton mal. Ta guérison sera un don de la Reine du Ciel. Cette vision réjouit le cœur de la pauvre infirme, qui se promit bien de se rendre à l'église de Sainte Marie. La voilà donc, rampant sur son siège et sur ses mains, qui se présente devant l'autel de la Mère de Dieu ; puis se prosternant, elle se met à implorer son secours. D'abondantes larmes coulent le long de ses joues. O prodige ! pendant qu'elle redouble ses prières, entrecoupées de sanglots, elle se sent guérie, toute douleur disparaît.

Impotens totaliter se sursùm levare,
Debilis et nequiens super pedes stare.
Et si se voluisset aliàs transferre,
Manibus et natibus ibat hærens terræ.
Quàdam nocte dormiens visa est videre
Hominem pulcherrimum albâ tectum veste,
Dicentem : Cras repetas sole lucescente
Templum Matris Domini si recte vis ire.
Hic tibi subsidium dabitur ægrotæ :
Hoc tibi continget, cœli Reginâ donante.
Ægra muliercula visione gaudet,
Ædem sanctæ Mariæ petere se spondet :
Natibus et manibus iter sibi præbet.
Antè Matris Domini procumbens altare,
Ejusdem subsidium cœpit implorare,
Sparsim genas madidans lacrymarum imbre.
Dum misera flebilis preces ampliaret,
Se sanatam reperit, et dolore caret.

Daigne le médecin céleste qui guérit si facilement les malades, et leur prépare des remèdes propices et salutaires, nous conduire au port du salut éternel.

Je raconterai plus brièvement les miracles suivants, car je ne voudrais pas ennuyer mes lecteurs.

Quatrième miracle. Guérison d'une autre femme.

Une autre femme, affligée du même mal que la précédente, fut guérie de la même manière par l'intercession de Marie.

Cinquième miracle. Guérison d'un enfant sourd et estropié.

Un jeune enfant était perclus des jambes et si sourd, qu'il n'entendait pas les paroles qu'on prononçait devant lui. Mais à peine fut-il entré dans le sanctuaire de Marie, qu'il recouvra subitement l'ouïe et l'usage de ses jambes.

Hæc nobilis medica quæ sic ægros sanat,
Qua salutis prosperæ dulcedine manat,
Ad salutis æternæ portum nos perducat.

Quæ sequuntur breviùs libet explanare,
Nec volo legentibus fastidium dare.
Altera consimili morbo laboravit,
Maria quam simili sorte liberavit.

Parvulus officium pedum non habebat,
Nec voces loquentium audire valebat :
Mariæ oraculum postquam subintravit,
Gressum et auditum mox recuperavit.

Sixième miracle. Punition et Guérison d'une femme.

Notre pieuse Mère a voulu qu'on observe le samedi, et son aimable Fils ordonne qu'on respecte ce jour comme celui qu'il s'est réservé (1).

Donc, un samedi soir, à Lunéville, une femme avide de gain, accepta de faire un ouvrage lucratif et servile qu'on lui demandait avec instances. Mais, quand elle se mit à préparer son souper, ses deux mains se raidirent subitement, au point qu'elle ne pouvait les fléchir en aucun sens. Consciente de sa faute et reconnaissant son péché, elle implore aussitôt le secours de Marie, promettant bien de ne plus profaner désormais le jour du samedi. Vite, elle se rend devant l'autel de la Vierge, prie avec larmes et sanglots, et renouvelle solennellement sa promesse de ne plus jamais travailler le samedi. Après cette prière, elle s'approche de l'autel, le touche avec respect et se trouve aussitôt guérie.

(1) L'usage de s'abstenir d'œuvres serviles, le samedi, au moins à partir de l'heure des Vêpres, était assez commun au moyen âge. On l'abandonna plus tard pour diverses raisons, et notamment pour n'avoir pas l'air de judaïser. Mais on a continué de regarder le samedi comme un jour spécialement consacré à Marie.

Pia mater voluit sabbatum servari,
Ejus dulcis Filius, rite modo pari,
Sicut pro se sabbatum jubet venerari.
Vesperis in sabbato Lunivillari,
Quædam erat mulier solita lucrari,
Flexa prece pretio cœpit operari.
Dùm mulier suparum cœpit præparare,
Ambæ manus protinus cœperunt rigere,
Neque modo quolibet illas quit curvare.
Conscia delicti se videns peccare,
Mariæ subsidium cœpit implorare,
Et deinceps sabbatum nunquàm violare.
Cursu statim concito venit ad altare,
Flebilis et ejulans cœpit exorare,
Voto vovens sabbatum nunquàm violare.
Ad altare veniens his verbis finitis,
Statim sana facta est, sacrosanctis tactis.

Septième miracle. Guérison d'une femme possédée du démon.

Une dame, originaire d'Allemagne, était possédée de l'esprit immonde. Dans ses accès, elle parlait diverses langues : le français, l'italien, le latin. Un prêtre l'exorcise, adjure le démon, et le somme d'abandonner cette malheureuse. Mais au lieu d'obéir, le démon s'acharne davantage dans son refus, tourmente plus violemment sa victime, et la renverse presque par terre. L'exorciste passe alors une étole autour du cou de la possédée ; le démon se retire aussitôt, et cette dame est délivrée.

Huitième miracle. Guérison d'un possédé.

Il y avait à Dompaire (1) un pauvre fou, qu'on avait dû garrotter pour l'amener à Saint-Dié. En entrant dans la ville,

(1) Nous traduisons *Dopnopario* par Dompaire ; c'est aussi la traduction de Jean Ruyr.

Spiritus immundus vexabat matronam,
Thetoniæ patriæ de partibus ortam,
Nunc latinâ linguâ, nùnc romano more,
Verbo modo proferens gallico sermone.
Presbyter dæmonium cœpit adjurare,
Ut illam relinqueret cœpit adclamare,
Se nollens relinquere nimis festinavit,
Passam vexat acriùs, immo ferè stravit.
Mox stolâ præcingitur, cervice ligatâ,
Matrona dæmonio mox est liberata.

De Dopnopario vir quidam vesanus
Ad Mariam trahitur fune religatus ;

il parvint à s'échapper, et se mit à courir à travers les rues, sous l'influence du malin esprit qui l'agitait avec violence. On prit le parti de l'enchaîner sur une espèce de lit, sans lui laisser, sous aucun prétexte, la liberté de ses mouvements : car il mordait à belles dents ceux qu'il pouvait atteindre. La foule qui l'entourait implorait dévotement la Sainte Vierge, la suppliant de rendre la raison à ce pauvre insensé. Il ne tarda pas à recouvrer son bon sens : sur sa demande, on le délivra de ses liens, et aussitôt il confessa hautement la puissante protection de Marie. Unissons tous nos voix pour la célébrer avec lui.

Neuvième miracle. Guérison d'une aveugle.

Depuis deux ans déjà, une femme avait perdu l'usage de ses yeux. Elle fit deux journées de marche, pour venir en pèlerinage au sanctuaire de Marie, et y recouvra la vue pleine et entière. Chaque année, elle apporte son offrande au jour anniversaire de sa guérison.

Qui villam ingreditur cœpit cursitare,
Illum dæmon acriùs cœpit infestare :
Statim in cunabulo ligatus tenetur,
Nec casu pro quolibet stultus removetur.
Quos poterat dentibus turpiter tractabat,
Cœtus comes Mariam devote rogabat,
Sanitati pristinæ hunc insanum tradat.
Mox sensum recuperat, petit religari
Mariæ præsidium cœpit confiteri.
Hanc omnes unanimes debent confiteri.

Quædam erat mulier annisque duobus
Quæ lumen perdiderat oculis ambobus;
Quæ peregrè veniens diebus duobus,
Incolumis redditur, lumine reperto.
Censum refert annuum, anno revoluto.

Dixième miracle. Autre guérison.

Une autre femme était à table et prenait son repas. En mangeant, elle avala par mégarde un os mêlé à la viande, et cet os s'arrêta dans sa gorge. Toute chagrine, elle promet, autant que son accident lui permet encore de parler, de faire un pèlerinage à l'église de Notre-Dame. A peine a-t-elle accompli son vœu, que l'os malencontreux sort doucement de sa bouche, comme s'il n'eût été qu'un peu d'écume. Et la miraculée s'en retourne joyeuse de se sentir guérie.

Onzième miracle. Guérison d'une femme blessée au pied.

Une femme qui marchait à l'étourdie, en portant sa quenouille, se transperça gravement le pied de son fuseau. Elle promet de venir à l'église de Marie, aussitôt qu'elle sera guérie. Soudain, le fuseau sort, sans laisser de douleur. Et la fileuse guérie vient accomplir son vœu devant l'autel de Marie.

Altera dùm comedens sederet ad mensam,
Et carnem comederet ossibus intextam,
Os gutture figitur, illam reddit mœstam :
Prout loqui potuit, se spondet venturam,
Os ex ore rejicit, leniter ut spumam,
Indè gaudens remeat, nàm se videt sanam.

Quædam colum bajulans incautè meavit
Cujus fusus graviter pedem penetravit.
Se venire perhibet ad Mariæ templa,
Pedis vulnerati salute receptâ,
Statim fusus exilit, Mariæ dat vota.

Douzième miracle. Autre guérison.

Une autre femme avait eu le même accident. Marie la guérit de la même manière.

Treizième miracle. Guérison d'un estropié.

Un jeune homme souffrait depuis longtemps d'une blessure au pied, et ne pouvait marcher sans appui. Il se met toutefois en route pour Saint-Dié, et ressent une fatigue extrême en arrivant près de la ville. Mais à peine a-t-il aperçu l'église de la sainte Mère de Dieu que soudain la santé est rendue à son pied malade, et qu'il entre facilement dans le sanctuaire de sa Libératrice.

Quatorzième Miracle. Guérison d'une jeune fille.

Après ce miracle, il faut que j'en raconte un autre, qu'il n'est pas permis de retarder plus longtemps.

Pedem alterius sic sic penetravit,
Quo modo consimili Maria sanavit.

Homo quidam juvenis dudùm pedem doluit,
Nec sine subsidio quovis ire potuit.
Ad hanc villam veniens viam est ingressus,
Ad quam propè veniens multùm fuit fessus.
Postquàm templum cernitur sanctæ Matris Dei,
Statim læsi redditur salus pedis ei,
Et sanus ingreditur ædem Matris Dei.

Post hoc mysterium me decet docere :
Nàm nefas est nimiùm velle retinere.

Une jeune fille était percluse de tous ses membres, et de plus, tellement contrefaite, et recourbée d'une façon si étrange qu'on aurait dit un ballot de lin. Grâce à la protection de Marie, elle fut instantanément guérie. Au bruit de cette merveille, le clergé et le peuple accoururent au sanctuaire de Notre-Dame. Louanges soient rendues à Celui qui est le vrai médecin des gens de bien.

Quinzième Miracle. Guérison d'un enfant.

Un jeune enfant se plaignait beaucoup de ses jambes, sans qu'aucune trace de douleur apparût extérieurement. Il ne pouvait se tenir debout ; ses pieds lui refusaient tout service, et il ne pouvait faire un pas ni en avant ni en arrière. On l'apporta enfin dans ce lieu de pèlerinage. Après une courte prière, il fut complètement guéri, et il s'en retourna à pied dans son pays, plein de vie et de santé. Dieu en soit loué.

Quædam fuit juvenis undique curvata,
Velut globus lineus passim glomerata,
Penitùs officio membrorum privata.
Mariæ præsidio statim fit sanata.
Ad templum conveniunt populus et clerus,
Hunc collaudent qui bonis est medicus verus.

Quidam puer nimiùm tibias dolebat,
Nec dolor exteriùs ullus apparebat.
Super pedes puer hic stare non valebat,
Non sic, vel sic pedibus usquàm ire quibat.
Tandem puer peregrè fuit hùc ablatus :
Post preces exiguas extitit sanatus.
Ad propria remeat pedibus elatus,
Sanus et incolumis : Deus sit laudatus.

Seizième miracle. Guérison d'une femme.

Une femme vint en pèlerinage au sanctuaire de la Bienheureuse Vierge, pour demander la santé à cette Reine puissante. La pauvre femme avait un pied si horriblement contrefait, que le gros orteil était dirigé vers la cheville de l'autre. Elle avait encore une main estropiée, dont les doigts arides étaient repliés vers le bras. Après une nuit passée en prières, elle fut guérie. Son pied se mit en place et sa main put s'ouvrir.

Dix-septième miracle. Triple guérison.

Voici un malheureux, affligé d'une triple infirmité : il est perclus, sourd et muet. Amené à ce sanctuaire, il implora le secours de Marie, avec la ferme confiance d'être exaucé. Après une courte prière, son mal disparut totalement et subitement. La guérison de ses trois infirmités fut l'œuvre d'un instant.

Ad Beatam Virginem quædam peregrina
Venit, sana fieri poscens a Regina ;
Cujus pes turpissime fuerat transversus ;
Ad cavillam alteram polex erat versus.
Sic altera manuum fuerat transversa
Ad brachium, digitis riditas (1) est versa.
Post noctem pervigilem salus est reperta
Pes redit ad proprium, manus est aperta.

Alter quidam triplici morbo laborabat;
Impotens et surdus mutusque jacebat.
Hùc adductus Mariæ opem exoptabat
Quam sibi præsidia facturam sperabat.
Postquam moram modicam fecit in hoc templo
Huic morbus totaliter recedit extemplo :
Hic morbus triplex nutu sanatur in uno.

(1) Peut-être *digitis ariditas* ou *digiti rigiditas.*

Dix-huitième miracle. Guérison d'un homme perclus.

Je raconterai brièvement cet autre prodige, pour ne pas fatiguer l'attention du lecteur par des détails futiles.

Un malheureux avait les deux jambes horriblement contournées ; elles étaient si indissolublement jointes, si fortement adhérentes l'une sur l'autre, que tout l'art des médecins avait été impuissant à les séparer. Ce pauvre infirme se fait transporter au sanctuaire de la Bienheureuse Vierge Marie ; et là, soudain toutes ses articulations se dénouent, ses jambes se redressent, il se met à marcher et retourne à sa demeure plein de vie et de santé.

Dix-neuvième miracle. Autre guérison.

Un autre malheureux, également infirme et dénué de toutes forces, fut amené auprès de cette Mère puissante. La bonne Mère entendit sa prière d'une oreille favorable ; il fut guéri, et retourna joyeux à sa maison.

Aliud miraculum breviter tractabo,
Nec aures legentis nugis detinebo.
Quidam habens tibias turpiter distortas,
Indissolubiliter simùl sibi junctas,
Unam super alteram sibi cohærentes,
Ope ullà medici nunquàm dissolventes ;
Ad Beatæ Virginis templum est devexus,
Et mox sibi artuum dissolvuntur nexus,
Diriguntur tibiæ, et redduntur gressus.
Sanus et incolumis domum est ingressus.

Homo suis viribus talis destitutus,
Ad Matrem opificem statim est deductus :
Huic Matris opificis auris est aperta,
Domum lætus repetit, salute repertâ.

Vingtième miracle. Guérison d'une femme estropiée.

Une femme du val de Bruche souffrait depuis très longtemps : ses pieds n'avaient pas touché terre depuis deux ans. A peine fut-elle introduite dans le sanctuaire hospitalier de Marie, que la santé lui fut rendue. Elle s'en retourna saine et sauve.

Vingt-unième miracle. Autre guérison.

Une malade de Luxeuil était entièrement privée de l'usage de ses jambes. Sans forces aucunes, elle ne pouvait, depuis deux ans, ni marcher, ni même s'asseoir : car, tout son corps ne formait plus qu'une plaie. A peine a-t-elle exprimé le désir de se transporter au sanctuaire de Marie, qu'elle sent la douleur disparaître de tous ses membres.

Vingt-deuxième miracle. Guérison d'une sourde et muette.

En Champagne vivaient deux sœurs, dont l'une était

Altera de Bruxynval longum ægrotavit,
Annis decem pedibus terram non calcavit :
Hospitium Mariæ sed postquàm intravit,
Salus sibi redditur, sana remeavit.

Quædam de Luxovio nimiùm ægrota,
Omni fit officio pedum destituta :
Annis binis naturæ viribus exuta,
Ægra tanto spatio non potuit ire,
Super nates morbidas nec potens sedere.
Hospitium Mariæ deposcens adire,
Morbum ex his partibus perpendit abire.

Duæ de Campaniâ sorores fuerunt,

entièrement privée de l'usage de la parole (¹), et de plus, complètement sourde. L'autre, qui était en bonne santé, ayant entendu raconter les bienfaits de Marie, s'empressa d'amener sa sœur à Saint-Dié, pour faire avec elle le pèlerinage de Notre-Dame. Elles implorèrent dévotement et avec larmes le secours de Marie, et après un court séjour dans notre ville, l'infirme recouvra la parole et l'ouïe.

Vingt-troisième miracle. Guérison d'un enfant.

Maintenant, voici une mère qui avait un petit enfant qu'elle nourrissait avec le plus grand soin. Un jour, elle lui fit prendre un bain, et pendant que le petit nourrisson était dans sa baignoire, la mère se livrait aux occupations de son ménage. Mais l'enfant poussait des cris aigus. La mère avait un collier, elle eut l'imprudence de le donner à l'enfant, qui le porta aussitôt à sa bouche. La pauvre mère

(1) Le texte latin présente ici une lacune. Mais le contexte indique suffisamment le sens. Nous avons traduit comme s'il y avait :
Uni linguæ penitùs nullus fuit usus.

Ad Mariam peregrè ambæ devenerunt,
Ejus opem lacrymis et devotè quærunt.
..... penitùs nullus fuit usus.
Et cum hoc totaliter defuit audîtus.
Sana beneficium audiens Mariæ,
Ad villam hanc properè quàm cito venire.
Ibi brevi spatio cœperunt manere,
Ægræ loqui redditur simùl et audire.

Post hoc quædam mulier puerum habebat,
Omni diligentià quam mater alebat.
Quâdam die scaphio puer balneabat;
Per domum negotia mater disponebat,
Et puer in balneo nimis vagiebat.
Hæc incauta mulier habebat monile,
Illud nato tradidit, quod mox puer ille
In os suum posuit, matris suæ culpà :

reconnut bientôt sa faute. L'épingle du collier s'enfonça dans la gorge de l'enfant. Aussitôt le pauvre petit de pousser des cris de mort, et la mère d'accourir. Elle trouve son enfant pâmant de douleur, et veut retirer le collier; mais c'est en vain, le collier ne peut sortir. Voyant alors ses efforts impuissants, cette pauvre mère se met à sangloter et à pousser des cris déchirants. Mais bientôt, elle songe à porter son enfant demi-mort à l'autel de Marie. Là, elle implore par ses gémissements et ses larmes le secours de la Vierge puissante. Une nombreuse assistance environnait l'autel; et pendant que cette foule était en prières, on vit le collier sortir de la bouche de l'enfant.

Ce bienfait mérite d'être porté à la connaissance de tous les fidèles.

Vingt-quatrième miracle. Extinction d'un incendie.

Une femme en couches était clouée sur son lit, et n'avait personne à côté d'elle. Soudain, le feu prend à sa maison,

---

In gutture pueri acus est defixa.
Puer clamat moriens, et mater advenit :
Puerum languentem taliter invenit.
Monile per guttur festinat rimari,
Monile nullatenùs potuit tractari.
Hæc dùm se vidit frustrà laborare,
Clamore terribili cœpit ejulare.
Hunc semivivum defert ad altare,
Mariæ subsidium cœpit implorare,
Et genas cum gemitu lacrymis rigare.
Et dùm multi pariter starent ad altare,
Monile precantibus visum est exire.
Cunctis est fidelibus hoc bonum audire.

Quædam puerperii in lectum jacebat,
Et secum consortium nullius habebat.
Ignem videt subito domum devastare,

gagne les abords du lit qu'elle ne peut quitter et commence à atteindre le lit lui-même, en sorte que la malheureuse se trouve enveloppée par les flammes. Elle promet alors à Marie d'aller en pèlerinage à son église. A peine a-t-elle fait cette promesse, que la flamme s'éteint et s'évanouit, au dedans comme au dehors de la chambre.

Vingt-cinquième miracle. Protection dans le danger.

Un habitant de Saint-Dié, nommé Caussin, revenait un jour au pays, porteur d'une somme assez considérable. Mais, en deçà de Deneuvre, il rencontra des voleurs, et pendant qu'il cherche en lui-même un moyen de leur échapper, voici l'issue qu'il rencontra. Il promit à Marie de faire brûler à perpétuité une lampe dans son sanctuaire. Il n'avait pas plus tôt fait sa promesse qu'il échappait aux embûches des voleurs.

Vingt-sixième miracle. Résurrection d'un enfant.

Il est glorieux de guérir les malades, mais il l'est plus encore de pouvoir ressusciter les morts.

Et lectum quo jacuit ignem adtractare,
Lectum videt validè circà se cremare.
Votum vovit Mariæ fore peregrinam.
Puerpera subito post vocem emissam,
Intùs et exteriùs vidit descendere flammam.

In sancto Deodato Causinus manebat :
Pecuniam veniens secum deferebat,
Citrà Danubrium latrones invenit,
Quos ut effugeret apud se dum quærit,
Evadendi liberum iter adinvenit :
Lampadem perpetuam Mariæ promisit :
Latronum insidias post votum amisit.

Laude valdè dignum est ægrotos sanare,
Majus est defunctos posse suscitare.

A Taintrux (¹), un petit enfant était assis dans son bain, pendant que sa mère s'occupait aux affaires de son ménage. Ne soupçonnant pas le danger qui menaçait son enfant, elle ne songeait qu'à son travail, sans penser à son nourrisson. Mais l'enfant, en barbotant dans son bain, et en s'amusant à s'y plonger et à s'y retourner, finit par rester sous l'eau, et s'y noya. Quand la mère revint à son fils, elle le trouva mort. Affollée et furieuse, elle remplit la maison de ses cris, et soulève tout le village par ses plaintes et ses gémissements. Tout le village accourt, on se rassemble, on s'apitoye sur le triste accident; enfin, on engage la mère inconsolable à porter le cadavre de son enfant à l'église de la Sainte Vierge. Elle goûte volontiers cet avis, porte aussitôt l'enfant à Saint-Dié, et Marie par son intercession puissante rend la vie à ce corps inanimé. Ce miracle fait rendre à Dieu d'unanimes actions de grâces.

(1) Taintrux, village du canton de Saint-Dié.

Apud Tantru parvulus balneo sedebat,
Per domum negotia mater disponebat:
Ignara periculi quod jàm imminebat,
Factorum sollicita parvum negligebat.
Puer aquam commovet, et se ipsum mergit.
Dùm puer in balneo hùc illùc se vergit,
Et puer intereà mersus vitam perdit.
Mater tandem rediens nati scit occasum,
Domum implet vocibus sævientis more,
Totam villam concitat planctu et timore.
Tota villa convenit : omnes congregantur :
Pro casu nefario omnes contristantur.
Puerum deferri omnes adhortantur.
Mater paret : puer hic statim deportatur,
Mariæ subsidio vita restauratur,
Indè votis unanimum Deus collaudatur.

Vingt-septième miracle. Guérison d'un enfant perclus des jambes.

Un enfant dont les jambes étaient paralysées, priait instamment ses parents de le conduire en toute hâte au pèlerinage de Notre-Dame, assurant qu'il y serait l'objet d'une faveur céleste. Les parents qui ne désiraient que la guérison de leur fils, s'empressèrent de satisfaire à cette demande. On fit donc à la hâte les préparatifs nécessaires, et l'on se mit en route. Pendant le trajet, on adressait à Marie des prières ferventes et accompagnées de larmes. Or, à peine a-t-on fait une lieue de chemin, que le malade demande à descendre de voiture. Maintenant, dit-il, je puis marcher et me servir de mes jambes. On le déposa donc à terre, et il se mit à marcher, protestant qu'il ne ressentait plus aucune douleur. Les parents transportés de joie poursuivirent leur voyage, en bénissant de tout cœur la Bienheureuse **Vierge Marie**.

Quidam puer tibias habens impotentes,
Cœpit quantociùs rogare parentes
Ut eum efficerent statim peregrinum,
Dicens sic reciperet juvamen divinum.
Quod poscit, parentes festinant implere,
Optantes puerum sanatum videre.
Breviter parati ingressi sunt viam,
Lacrymosis vocibus implorant Mariam.
Vix leucam peragunt veniendo viam,
Deponi se poscit ægrotus ad terram,
Asserens quod pedibus posset ire viam.
Mox puer deponitur : cœpit ire viam,
Dicens se sentire læsionem nullam.
Parentes cum gaudio perfecerunt viam,
Collaudantes plurimùm Virginem Mariam.

Vingt-huitième miracle. Guérison d'une femme.

Une femme qui avait la même infirmité fut amenée en voiture au sanctuaire de Notre-Dame. En y entrant, elle obtint sa guérison. Loué soit Jésus-Christ.

Vingt-neuvième miracle. Guérison d'un jeune homme.

Je veux encore toucher brièvement un fait mystérieux, dans lequel chacun puisera un motif d'adorer Dieu. Il y avait à Vacqueville (¹) un jeune homme qui ne pouvait marcher qu'à l'aide de deux béquilles. Il priait avec ferveur pour obtenir sa guérison. Aussitôt qu'il lui fut possible, il vint dans le sanctuaire de Marie, y laissa ses béquilles et s'en retourna guéri.

Trentième miracle. Guérison d'une femme.

Une pauvre femme souffrait depuis longtemps d'un autre mal ; elle aussi fut miraculeusement rendue à la santé.

(1) Après Ruyr, nous traduisons *Vaskyvillam* par Vacqueville. Vacqueville fait partie du canton de Baccarat.

Tali muliercula laborabat morbo,
    Quæ curru deducitur; templum subintrando
Salus sibi redditur : sit laus Jesu Christo.

Hinc volo mysterium breviter tractare,
    Undè decet quemlibet Deum adorare.
Apud Vaskyvillam juvenis manebat,
Qui duabus croccis se ipsum gerebat,
Se sanatum fieri devotè rogavit,
Et quàm cito potuit templum subintravit.
Croccis relictis, sanus remeavit.

Quædam diu mulier aliter ægrota,
Sanitati taliter fuit restaurata.

Trente et unième miracle. Guérison d'un enfant.

Un peu plus tard, un enfant, natif d'Echery (¹), et perclus d'une main depuis le berceau, vint dévotement à l'autel de Marie. Sa main fut guérie, et toute douleur disparut.

Trente-deuxième miracle. Guérison d'une femme de Mandray.

Une femme de Mandray (²), qui avait la même infirmité, obtint également sa guérison et le rétablissement de sa santé. *Amen.*

(1) Echery, au Val de Sainte-Marie-aux-Mines (Haut-Rhin).
(2) Jean Ruyr traduit *Mandrois* par Mandray, village du canton de Fraize, à peu de distance de Saint-Dié.

Posteà de Ekeri puer unus natus,
A cunis potentiâ manùs est privatus,
Hic postquàm ad altare devotus accessit,
Manus sana redditur, et dolor abscessit.

Altera similiter de Mandrois ægrota,
Sanitati redditur, peste sic remotâ. Amen.

CHAPITRE V

LES AUTRES MIRACLES OPÉRÉS PAR NOTRE-DAME DE SAINT-DIÉ

Le sanctuaire de N.-D. de Saint-Dié est vraiment un sanctuaire miraculeux.

Le poète du XIIIe siècle qui nous a laissé le récit des nombreux miracles qui s'y accomplirent de son temps, nous affirme expressément qu'une foule d'autres prodiges avaient auparavant déjà illustré ce lieu de pèlerinage.

Les miracles ne cessèrent pas non plus avec lui.

Malheureusement, la plupart sont restés inconnus, faute d'historiens pour les transmettre à la postérité. Ils durent être fréquents néanmoins, si l'on en juge par la dévotion confiante et persévérante des peuples pour ce sanctuaire, et par les *ex-voto* dont nous parle Jean Ruyr.

Ecoutons l'auteur des *Sainctes Antiquitez de la Vosge*. Après avoir rappelé que la Petite-Eglise fut le théâtre de beaucoup de prodiges, dès les premiers temps, et surtout au XIIIe siècle, il n'hésite pas à conclure que plus tard, la divine clémence en « aura fait voir beaucoup d'autres... »
« Ce que démontre, dit-il, un grand nombre de chaînes, col-
« liers, menottes et ceps de fer, que plusieurs captifs, sur-
« pris aux escarmouches et rencontres des Turcs, Sarrasins
« et autres mécréants, dans les armées conduites autrefois
« par nos princes Lorrains, et délivrés par le mérite de la
« Très Sainte Vierge, s'étant ici transportés, y ont attachés
« comme les instruments de leur captivité, et en signe de
« trophée et de leur admirable délivrance. Il me souvient
« d'en avoir vu ôter une grande partie, lorsqu'il fut besoin
« de rebâtir la dite église et celle de Saint-Diez, mais il fal-

« lait à mon avis les replacer, pour n'en perdre la mémoire
« à la postérité (1). » (*Ruyr, 2e édit., page 471.*)

Nous nous associons de tout cœur aux regrets exprimés ici par Jean Ruyr.

***

Quelques faits cependant ont échappé à l'oubli. Nous les raconterons successivement.

Notre-Dame protège la ville de Saint-Dié.

Jean Ruyr (*page 472*) nous a conservé le récit d'une protection miraculeuse dont la Sainte Vierge entoura la ville de Saint-Dié, au moyen âge. Ce récit se transmettait de bouche en bouche depuis longtemps, lorsque l'auteur des *Sainctes Antiquitez de la Vosge* eut la bonne inspiration de le consigner par écrit dans son livre.

C'était, nous apprend-il, vers l'an de notre salut 1386, la veille de la Nativité de Notre-Dame, sur les dix heures du soir, alors que tout le monde était rentré pour prendre son repos. Quelques étrangers, sous la conduite d'un capitaine proscrit pour ses méfaits, tentèrent d'escalader les murailles de la ville de Saint-Dié, à l'endroit où se trouvait jadis la porte de l'ancien monastère. Les brigands comptaient faire un riche butin, à la faveur de la nuit, « quand les cloches
« de l'une et de l'autre église, par la volonté de Dieu et l'in-
« tervention de la Très Sainte Vierge (comme l'on croit
« pieusement), sonnèrent » tout à coup l'alarme.

Cette sonnerie miraculeuse n'eut pas seulement pour effet de réveiller les bourgeois, mais elle jeta la frayeur et le désordre dans les rangs des assiégeants. Du haut des murailles, plusieurs tombèrent dans les fossés, où l'on retrouva leurs cadavres le lendemain. Les autres, tremblants d'épou-

---

(1) Dans les citations de Jean Ruyr, nous nous conformons en général à l'orthographe moderne.

vante, ne songèrent plus à donner l'assaut. Ils se sauvèrent à toutes jambes, et cherchèrent leur salut dans la fuite.

Ce succès, aussi prompt qu'inespéré, n'était pas le résultat du courage ou de la valeur. La protection surnaturelle et miraculeuse ne fit doute pour personne. En reconnaissance, tout le peuple, clergé en tête, se porta donc à l'église de Notre-Dame, et l'on passa le reste de la nuit à chanter et à psalmodier en actions de grâces.

* *
*

En mémoire de cet évènement, ajoute encore Jean Ruyr, les bourgeois de Saint-Dié ont pris coutume de se mettre sous les armes, le soir du jour anniversaire de cette délivrance. Chacun en son rang, et conduits par le sonrier (1) et le prévôt (2) de la ville, ils parcouraient d'abord les rues de la cité, puis se rendaient à la Petite-Eglise, pour saluer leur patronne, le plus dévotement possible.

Les comptes du sonriat de 1733, nous donnent d'intéressants détails sur l'ordre et la marche de cette cérémonie :

« Les bourgeois ont accoutumé de toute ancienneté de s'assembler et mettre en armes, le jour de la Nativité de Notre-Dame, environ vers les 5 heures du soir, pour faire ce qu'ils appellent le *voy* [guet ou garde]. L'observation duquel se solennise en cette sorte, savoir que les sujets de Son Altesse [le duc de Lorraine] s'assemblent à l'heure susdite, devant le logis du sieur prévôt, où l'on prend l'enseigne de la ville, et ceux du Chapitre, devant le logis du maire.

« L'assemblée ainsi faite de part et d'autre, ledit maire conduit ses bourgeois devant la maison du sieur sonrier, où le sieur prévôt incontinent ayant pris le drapeau et mis aux mains du porte-enseigne, monte à cheval et conduit

---

(1) Le sonrier était le chef de la police, au nom du Chapitre.

(2) Le prévôt dont il s'agit ici, était le représentant de l'autorité ducale. La ville et le val de Saint-Dié, qui d'abord n'avaient eu d'autre seigneur temporel que le Monastère et plus tard le Chapitre, dépendaient alors en partie du Chapitre et en partie des ducs de Lorraine.

pareillement les siens au dit lieu, où finalement tous les bourgeois en armes étant arrivés, se mettent en ordre pêle-mêle, c'est-à-dire les sujets de Son Altesse parmi ceux du Chapitre, et se disposent à faire montre [passer la revue].

« L'enseigne marche au milieu de la troupe, et après le dernier rang, le sieur sonrier étant à cheval et tenant le premier lieu, entre le sieur prévôt à sa droite, et le sieur sonrier du val (¹) à sa gauche, suivant tous trois la dite troupe ; et après, les officiers et principaux bourgeois pareillement à cheval. Et, en cette disposition, le sieur sonrier fait le tour de la ville trois fois, et à la dernière, monte sur le *Mont* (²) qui est derrière l'église de Saint-Dié, où le doyen du prévôt, levant la voix, fait défense de la part de Son Altesse et du Chapitre, que personne, après la cloche sonnée à huit heures, n'ait à aller de nuit au-delà en avant, sans lumière, à peine d'encourir telle amende qu'il plaira aux seigneurs y établir.

« Cela fait, chacun se retire chez soi, pour se désarmer, et incontinent se transporter à l'église Notre-Dame, pour y chanter une antienne en l'honneur d'icelle. Et à cet effet, le sieur prévôt vient reprendre le sieur sonrier en son logis, et de là, vont l'un et l'autre de compagnie en la dite église, où étant entrés, le sieur sonrier s'agenouille devant le grand autel au milieu des dits sieurs prévôt et sonrier du Val, et la prière étant achevée, la solennité prend fin. » (*Bulletin de la Société Philomatique, tom. 7. pag. 57.*)

Cette démonstration solennelle et publique qui se faisait, de temps immémorial, de l'aveu et du consentement du Chapitre, est la preuve la plus évidente que la ville de Saint-Dié était redevable d'une singulière protection à la Sainte Vierge.

Mais les détails transmis par Jean Ruyr sont-ils bien au-

---

(1) Le sonrier du val exerçait à l'égard des habitants du val de Saint-Dié, sujets du Chapitre, la même autorité que le sonrier de la ville exerçait sur les habitants de Saint-Dié, sujets du Chapitre.

(2) Aujourd'hui, les jardins de l'Evêché.

thentiques ? N'ayant été recueillis par écrit qu'au XVIIe siècle, il est possible que des interpolations s'y soient glissées en quelques points. En passant de bouche en bouche, le récit primitif a pu s'embellir de quelques nouvelles circonstances. Mais qu'importe un doute portant sur un détail, quand le fond est certain ?

Or, c'est bien ici le cas.

L'intime persuasion des habitants de Saint-Dié s'était traduite par une cérémonie populaire. Et l'irréligieux Gravier lui-même est bien obligé d'avouer que cette coutume doit son origine à la reconnaissance dont les bourgeois de Saint-Dié s'estimaient redevables envers la Sainte Vierge. (GRAVIER, *Histoire de la ville épiscopale et de l'arrondissement de Saint-Dié, pag. 211, 212.*)

* * *

Le Seigneur distribue ses dons, comme il lui plaît. Cependant, il est à remarquer que, si en certains lieux et en certains temps, il verse avec une effusion plus libérale ses grâces et ses bienfaits ; d'ordinaire, c'est qu'en ces temps et en ces lieux, la foi brille d'un éclat plus vif et plus ardent.

Notre historien Jean Ruyr en faisait autrefois l'observation (*pag. 473*).

L'on pourrait s'étonner, disait-il, qu'après tant de prodiges arrivés si souvent en ce sanctuaire de Notre-Dame, on n'en voie en ce dernier siècle que fort rarement, et encore de moins illustres et de moins éclatants. Dieu distribue ses faveurs selon son bon plaisir. Et les pays les plus favorisés à une certaine époque sont parfois abandonnés, en punition de leur défection ou de leurs fautes. Témoin ces pays de la Grèce et de l'Asie Mineure, où jadis la vertu était si florissante, et qui maintenant sont tombés sous le fatalisme de Mahomet.

La ville de Saint-Dié, où la grâce de Dieu surabondait par les mérites et l'intervention de la très glorieuse Vierge Mère, n'en était pas arrivée à ce degré de décadence morale. « Cependant, continue toujours Jean Ruyr, doit-on me concéder que la dévotion s'y estoit étrangement refroidie, quasi jusques au commencement de ce siècle 1600, qu'elle a commencé peu à peu à s'enflamber, à la gloire de Dieu et à l'utilité des âmes. »

C'est pour cela, sans doute, que la Sainte Vierge, voyant la tiédeur que l'on apportait à son honneur et au service divin, distribuait plus parcimonieusement ses faveurs.

Après plus de deux siècles, les paroles de l'auteur des *Sainctes Antiquitez de la Vosge* n'ont rien perdu de leur actualité.

Peut-être encore, c'est aussi la pensée de Jean Ruyr, notre Dieu, en prévision des désastres que l'hérésie protestante devait faire en Alsace, voulut-il, « pour la consolation de ceux qui demeureroient constants en la foi catholique, transférer cette grâce de Miracles » de l'église de Saint-Dié au sommet du Val-d'Orbey, à la chapelle de N.-D. des Trois-Epis (1).

(1) La chapelle et le pèlerinage des Trois-Epis doivent leur origine à une apparition de la Sainte Vierge, à un pieux forgeron d'Orbey, qui se rendait au marché de Niedermorschwihr. C'était en 1491. La Reine des Anges tenait dans sa main droite une tige de blé, de laquelle sortaient trois épis ; et dans sa main gauche un glaçon. Elle daigna elle-même expliquer le sens de ce symbolisme. La bénédiction des fruits de la terre, signifiée par les trois épis, récompensera ceux qui se convertiront; les méchants au contraire, qui persisteront dans leurs désordres, attireront sur eux la malédiction, signifiée par le glaçon.
Le pèlerinage fut bientôt très fréquenté, et l'on y obtint beaucoup de grâces et de guérisons.
Pendant la guerre de Trente ans, la chapelle fut incendiée par les Luthériens, et le pèlerinage ruiné demeura désert pendant vingt ans environ.
Ce fut un chanoine de l'église collégiale de Saint-Dié, nommé Pierre du Lys, de la famille de Jeanne-d'Arc, qui eut la gloire de rétablir la chapelle. Il la construisit sur de plus grandes proportions que l'ancienne. De plus, pour rendre le pèlerinage plus profitable, il bâtit aussi un couvent, et le dota de revenus suffisants pour l'entretien de six religieux.
Pierre du Lys qui habitait les Trois-Epis depuis plusieurs années, donna le 22 juin 1654 sa démission de chanoine de Saint-Dié. Après avoir installé aux Trois-Epis des religieux chargés de desservir le pèlerinage, il se retira au village de Katzenthal, à trois kilomètres environ du monastère.
Décédé le 14 novembre 1688, à l'âge de 88 ans, il fut inhumé à Katzenthal, devant l'autel qu'il avait fondé en l'honneur de l'Immaculée Conception.

Marie toutefois n'avait pas définitivement oublié son antique sanctuaire du Val de Galilée.

Vingt-cinq ou trente ans après la publication des *Sainctes Antiquitez de la Vosge*, plusieurs faits extraordinaires vinrent illustrer l'église de Notre-Dame de Saint-Dié. Peut-être, le réveil de la foi et de la dévotion dont parlait Jean Ruyr s'était-il accentué, et avait-il mérité ces nouvelles faveurs. Quoiqu'il en soit, nous trouvons qu'à cette époque trois enfants mort-nés revinrent à la vie, au moins pour un instant, et purent recevoir le baptême, grâce à la puissante intercession de Notre-Dame de Saint-Dié.

Voici ces trois faits, d'après les documents originaux.

Résurrection d'un enfant de Saint-Dié.

On voit dans l'église de Fraize, sous la tribune, et près des fonts de baptême, un tableau représentant une Vierge-Mère, aux pieds de laquelle sont agenouillés un homme et une femme. Celle-ci tient dans ses mains un enfant mort et emmaillotté. Au bas du tableau, on lit cette inscription, qui ne laisse aucun doute sur le sens de la peinture : « Jean Nicolas dict de Sarrux, cordonnier, demeurant à Sainct-Diey, ayant faict porter devant l'image de Notre-Dame de Sainct-Diey, un fils mort-né, dont Elizabeth Cuitarde sa femme estoit accouchée ; après deux heures de prières obtient la vie et le bastême, à son enfant, en présence de 7 personnes. Du 20 juin 1656. »

Résurrection d'un enfant de Saulcy.

Le fait suivant est tiré des Archives de l'Evêché.

« Du 13 octobre 1661. Par devant le souscrit, doyen et chanoine de l'église insigne de Saint-Diey, comparut en personne Demenge Grandferry demeurant au village de Saulcy, lequel, adjuré par serment, a déposé qu'ayant hier apporté ici une fille dont Jeanne sa femme avoit accouché le matin, sans aucune marque de vie ; sur la confiance qu'il auroit eue que, par les mérites de la Sainte Vierge, il pourroit obtenir de Dieu que son enfant, par quelque marque de vie, parvînt à la grâce du baptême ; à cet effet, l'ayant porté hier soir, en son église de Notre-Dame de ce lieu de Saint-Diey, et ayant persévéré là toute la nuit en prières, avec cinq femmes ci-après dénommées, et encore aujourd'huy jusques au second coup de Vespres, que l'enfant ayant ouvert la bouche, a remué la langue, ce qu'il a vu visiblement. Et sa déposition lui étant lue, a dit contenir vérité, et apposé son marque †.

« Jeanne, femme de Colas Grandidier, sage-femme, audit Saulcy ; Jacquotte Gironpierre, dudit Saulcy ; Valentine, femme de Dieudonné La Brux, dudit lieu ; Jenon, veuve de Demenge Ferquez, de l'Hôte-du-Bois ; Marguerite, veuve de Claude-Jean Diey, de Saint-Diey, adjurées de même duement par serment, ont déclaré qu'ayant veillé toute la nuit à Notre-Dame, où elles avaient porté la fille morte-née de Demenge Grandferry de Saulcy, et continué à prier aujourd'hui jusques au second de Vespres, elles ont vu que l'enfant, ayant ouvert la bouche, a remué la langue, et en suitte, la dite Jeanne sage-femme l'a baptisée. Et leur déposition leur étant lue, ont dit contenir vérité, et ne savent signer. Richard, doyen et chanoine de Saint-Diey. »

Résurrection d'un enfant du Val de Villé.

« Le 28 juin 1665, lit-on dans le registre matricule des actes capitulaires de l'église de Saint-Dié, certaines femmes du Val de Villez ayant apporté ici un enfant mort-né en l'église miraculeuse de Notre-Dame, et le dit enfant ayant fait quelques signes, pour être baptisé sous condition, comme elles ont fait. Messieurs (les Chanoines) ont ordonné à leur secrétaire..... de leur en donner attestation. »

Ces trois faits extraordinaires, arrivés dans l'espace de moins de dix ans, ont dû frapper l'attention et ranimer la ferveur et la confiance dans les cœurs chrétiens. On put se croire un instant revenu à cette brillante époque du XIIIe siècle, où les miracles se succédaient si rapidement devant l'autel de Notre-Dame de Saint-Dié. Il n'en fut rien cependant. Depuis lors, les prodiges ont cessé. Du moins, on n'en trouve plus aucun de relaté.

On ne peut douter toutefois que bien des grâces n'aient encore été obtenues en ce sanctuaire, pendant ces deux derniers siècles. Ainsi, un inventaire du mobilier de l'église Notre-Dame, en date du 27 septembre 1793, et conservé aux archives de la Ville, fait mention de « cinq *ex-voto* à cadre de bois. » De même plusieurs inscriptions récentes, gravées sur des tablettes de marbre et appendues aux parois de l'abside principale de la Petite-Eglise, attestent que de nos jours même, on recourt efficacement à l'intercession de Notre-Dame de Saint-Dié.

CHAPITRE VI

LE PÈLERINAGE DE NOTRE-DAME DE SAINT-DIÉ

Les documents nous manquent, pour faire une histoire complète du pèlerinage de Notre-Dame de Saint-Dié.

Si tant d'incendies, tant d'invasions, tant d'agitations politiques n'avaient pas successivement ruiné et ravagé le pays, et en particulier la ville et les églises de Saint-Dié, peut-être serions-nous plus riches en documents. Force nous est donc maintenant de nous contenter de peu, et de glaner par-ci par-là quelque renseignement.

Dans ce peu qu'il nous est donné aujourd'hui de recueillir, nous trouvons encore assez pour présenter, comme physionomie caractéristique de cet antique pèlerinage, une grande popularité fondée sur une entière confiance.

La réputation de ce pèlerinage était si bien établie qu'au XVIIe siècle, dans un acte capitulaire, les chanoines de Saint-Dié qualifiaient l'église Notre-Dame *d'église miraculeuse*.

Mais ce n'était pas seulement dans le territoire du Val de Saint-Dié que ce pèlerinage était connu, aimé et populaire. Sa renommée avait franchi les limites de plusieurs provinces.

On y accourait de la Franche-Comté, de l'Alsace, de la Champagne, du pays des Teutons, mais surtout des différentes parties de la Lorraine.

Le pèlerinage était si populaire et excitait si universellement la confiance, qu'on vit un jour la population de Taintrux prendre l'initiative et engager une pauvre mère, désolée, à porter le corps inanimé de son enfant devant l'image miraculeuse.

Souvent le récit des miracles nous a montré une foule nombreuse et compacte pressée dans le sanctuaire de Marie. « C'est par milliers, disait l'historien-poëte du XIIIe siècle, qu'on peut compter les témoins oculaires des miracles accomplis. On peut, du reste, invoquer le témoignage de tous les habitants de Saint-Dié. »

« Quæ coràm me gesta sunt, et aliis mille :
« Sed et testimonio hujus grandis villæ. »

En parlant ainsi, le chroniqueur anonyme nous révélait implicitement l'affluence considérable des pèlerins, soit indigènes, soit étrangers, qui venaient alors visiter la Petite-Eglise, et prier devant l'image de la Sainte Vierge.

Les miracles, en effet, quelque nombreux qu'ils soient, sont toujours relativement rares. On ne les obtient pas à jour fixe et à point nommé. Le grand nombre de témoins qu'on nous montre présents à ces prodiges, peut donc être invoqué comme une preuve certaine de l'affluence habituelle des pèlerins. Et puisqu'on invoque tout spécialement le témoignage des habitants de Saint-Dié, c'est une preuve qu'ils aimaient à se rendre fréquemment dans ce sanctuaire.

Mais cette dévotion n'était pas seulement la dévotion du peuple. C'était aussi la dévotion du clergé. Clergé et peuple rivalisaient de zèle pour vénérer la sainte image et entourer son autel. C'est ce qui ressort clairement encore du récit des miracles accomplis au XIIIe siècle.

Le clergé de l'insigne collégiale, en particulier, se distingua toujours par sa tendre dévotion envers le sanctuaire de la Petite-Eglise.

C'est un chanoine de Saint-Dié, — Jean Ruyr du moins nous l'assure (pag. 456, 457, 471, *Sainctes Antiquitez de la Vosge,* 2e édition), et il est à croire qu'il avait eu des renseignements précis à cet égard, — qui a fait l'intéressant récit des miracles accomplis au XIIIe siècle. Or, ce chanoine prend soin de nous dire quels étaient alors les dignitaires de l'église de Saint-Dié. Ces dignitaires s'intéressaient donc vivement à la gloire de ce pèlerinage.

Enfin, les débris qui nous restent des Actes capitulaires de la Collégiale de Saint-Dié nous attestent à diverses reprises la dévotion et le zèle des chanoines pour leur sanctuaire de Marie.

Nous aurons occasion de revenir sur ce sujet.

.*.

Jetons maintenant les yeux sur cette foule de pèlerins qui accourent de toutes parts, et cherchons à distinguer ceux qui sont favorisés de bienfaits miraculeux. A Saint-Dié, comme dans ses autres sanctuaires, Marie ne fait acception de personne. C'est dans tous les âges et dans toutes les conditions qu'on trouve les privilégiés; plutôt encore, à ce qu'il semble, dans la classe pauvre que dans la classe riche.

Ce sont des enfants, des adolescents, des jeunes filles, des femmes mariées, des personnes d'un âge mûr, des négociants, des soldats, des paysans, des citadins. Une fois même, — nous l'avons vu — la Ste Vierge étendit la sollicitude de sa protection maternelle sur la ville tout entière de St-Dié.

Généralement, c'est à la ferveur de la prière et à la vivacité de la foi que Marie accorde ses bienfaits. Elle veut qu'on vienne l'implorer dans son sanctuaire, devant son autel, à genoux devant son image.

D'autres fois cependant, elle accueille le seul désir du cœur, elle dispense le secours de sa protection à ceux qui lui promettent de venir à son sanctuaire, ou qui l'implorent de loin. Parfois encore, elle pousse la condescendance jusqu'à prévenir ceux qui ont besoin de son intercession. Sans attendre qu'ils se transportent à son sanctuaire, alors même qu'ils n'y songent pas, elle leur en suggère la pensée par quelque vision ou quelque autre moyen surnaturel.

Le champ de sa puissance n'est pas borné. Dans le petit nombre de faits miraculeux parvenus à notre connaissance, nous avons comme un spécimen de ce que la Sainte Vierge peut faire en tous genres, en faveur de ses clients.

S'agit-il de guérisons? Elle obtient la santé aux malades et aux infirmes de toute espèce. Aveugles, sourds, muets, boiteux, manchots, culs-de-jatte, paralytiques, estropiés de toute sorte, soit de naissance, soit par suite d'accidents, personnes débilitées ou difformes reçoivent par son intercession, la vue, l'ouïe, la parole, la liberté de leurs mouvements et de leurs membres, la santé, la force, la vigueur et les justes proportions du corps.

Par son intercession encore, des prisonniers recouvrent la liberté, des possédés sont délivrés, ceux qui courent un danger reçoivent du secours, les incendies s'éteignent, les maladies les plus invétérées sont guéries, les membres tordus sont redressés, les insensés reviennent à la raison ; plus d'une fois même, les morts retrouvent la vie.

N'est-ce pas là un pèlerinage digne d'attention? Ne sommes-nous pas en droit de conclure que Marie a fait de la Petite-Eglise de Saint-Dié un de ses sanctuaires privilégiés?

CHAPITRE VII

LE NOM DU PÈLERINAGE

La Sainte Vierge se fait parfois invoquer sous des vocables particuliers, comme ceux de Notre-Dame de Pitié, de Notre-Dame de Grâce, de Notre-Dame de Bon-Secours, de Notre-Dame de Consolation, de Notre-Dame du Perpétuel Secours, etc. Ces dénominations tirent leur origine, soit des circonstances qui ont amené la fondation du sanctuaire, soit du genre plus spécial de faveurs qu'on y obtient plus communément.

D'autres fois, les sanctuaires de Marie ne sont désignés sous aucun vocable. Ils sont tout simplement le sanctuaire de Marie, le sanctuaire de la Sainte Vierge ou de Notre-Dame. Mais comme les sanctuaires de Marie se comptent par milliers, même les sanctuaires miraculeux, on doit, pour éviter la confusion, les distinguer les uns des autres, par le nom de la ville, de la localité ou du pays où ils sont érigés. C'est ainsi qu'on dit Notre-Dame d'Amiens, Notre-Dame de Chartres, Notre-Dame de Paris, Notre-Dame de Lourdes, Notre-Dame de la Salette, Notre-Dame de Pontmain, etc.

Par son origine et son histoire, notre sanctuaire appartient à cette seconde catégorie. En effet, pendant l'espace de près de douze siècles, l'image de la Sainte Vierge vénérée à la Petite-Eglise et ce sanctuaire lui-même n'ont pas eu de vocable proprement dit. C'est un fait historique.

Tous les monuments qui parlent de ce sanctuaire sont unanimes à lui donner le nom d'*Eglise de la Sainte Vierge*, ou surtout d'*Eglise de Notre-Dame* (1). Parfois, par opposi-

---

(1) Nous avons entre les mains un Registre contenant les délibérations capitulaires des Chanoines de Saint-Dié, de 1649 à 1690. Notre

tion à la Grande-Eglise, aujourd'hui la Cathédrale, on l'appelle encore la *Petite-Eglise*. D'ordinaire, on se contente de ces appellations, sans aucune addition.

Seulement, quand le contexte ne désigne pas clairement le sanctuaire dont on parle, quand la confusion pourrait naître d'une désignation si vague, on y ajoute une indication. C'est pour cela que nous trouvons parfois le nom de *Notre-Dame de Saint-Dié,* c'est-à-dire Notre-Dame, dont le sanctuaire est à Saint-Dié. C'est pour la même raison que dans cette étude nous employons nous-même le nom de Notre-Dame de Saint-Dié.

On le voit, c'est une simple désignation de lieu, une pure indication géographique, mais qui souvent est nécessaire, pour la clarté et la précision du récit.

Pendant de longs siècles donc, on n'a pu ranger notre sanctuaire que dans la seconde des catégories ci-dessus rappelées.

Mais, en ces derniers temps, on a donné à la Vierge de la Petite-Eglise, le nom de Notre-Dame de Galilée.

Cette appellation, croyons-nous, est destinée à rappeler le souvenir du nom de Galilée, porté jadis par le monastère de Saint-Dié.

Mais ce n'est pas une appellation traditionnelle. Car, une tradition laisse quelques vestiges, et l'on ne trouve pas un texte, pas un seul, qui fasse mention de *Notre-Dame de Galilée* avant 1852, c'est-à-dire avant l'apparition du livre qui a pour titre : Les Saints du Val de Galilée (pag. 345).

Nous avons compulsé avec soin tous les documents qui parlent du sanctuaire de la Sainte Vierge à Saint-Dié. *Aucun* n'emploie le titre de *Notre-Dame de Galilée*.

Ce vocable ne se trouve ni dans le *Privilège* que Numérien, archevêque de Trèves, adressait à saint Dié lui-même

sanctuaire n'y est jamais désigné que sous le nom d'*Eglise de Notre-Dame,* sauf à la date du 3 juillet 1668, où il est nommé *Nostre-Dame de Saint-Diey,* pour éviter la confusion avec Notre-Dame des Trois-Epis.

au VIIe siècle, et dans lequel il mentionne l'église de la Bienheureuse Vierge Marie ; ni dans Valcandus, auteur d'une *Vie de saint Dié*, vers le milieu du XIe siècle ; ni dans le chroniqueur Richer au XIIIe siècle. Il n'est mentionné ni par Jean Herquel (Herculanus), dans ses *Antiquitates Vallis Galilœæ*, au XVIe siècle ; ni par Jean Ruyr, au commencement du XVIIe siècle, ni par le Grand-Prévôt François de Riguet, à la fin du même siècle. Au XVIIIe siècle, même silence : car, ni Jean-Claude Sommier, ni dom Calmet, ni Benoît Picard, ni la Défense de l'Église de Toul, ni l'auteur anonyme d'une *Vie* manuscrite de saint Dié n'en disent mot. On perdrait encore son temps à chercher le nom de *Notre-Dame de Galilée* chez les écrivains qui, comme Gravier, M. le chanoine Coly, etc., ont eu occasion de parler de ce sanctuaire, au XIXe siècle. On ne serait pas plus heureux, en fouillant les Bulles des Papes, les Lettres des Évêques, les Actes capitulaires et les Archives de l'église de Saint-Dié, les Comptes du Sonriat, etc. *Aucun* de ces monuments ne désigne ce sanctuaire, ni la Vierge qu'on y vénère, sous le titre de *Notre-Dame de Galilée*. Détail curieux enfin : l'historien des miracles accomplis à la Petite-Eglise par l'intercession de la Sainte Vierge, au milieu du XIIIe siècle, ne connaît pas davantage ce vocable. Et pourtant, il s'ingénie à chercher des synonymes pour désigner ce sanctuaire, et donner plus de variété à son récit. Il serait bien étonnant qu'il eût négligé le seul nom authentique et traditionnel.

Il ne faut donc pas attribuer au vocable de *Notre-Dame de Galilée* une valeur traditionnelle.

Le sanctuaire de la Petite-Eglise, l'image qu'on y vénérait de temps immémorial, n'ont jamais eu de vocable proprement dit. C'était Notre-Dame, et rien de plus.

Toutefois, vu la rareté des documents relatifs à la période qui s'étend du VIIe au XIIe siècle, il est *possible* que cette dénomination de Notre-Dame de Galilée ait existé, sans qu'un témoignage l'ait fait parvenir à notre connaissance. Jadis, en effet, le monastère fondé par saint Dié, porta le nom de Galilée, et le Val de Saint-Dié s'appela longtemps Val de Galilée. (¹)

Autrefois donc on a pu dire *Notre-Dame de Galilée*, en raison du monastère voisin qui portait alors le nom de Galilée, comme depuis on a souvent dit *Notre-Dame de Saint-Dié*, en raison de l'église principale, de la bourgade, et plus tard de la ville qui ont reçu le nom de Saint-Dié.

Cependant, nous l'avons fait observer déjà, nous sommes ici dans le champ des possibilités, des hypothèses et des conjectures : car l'histoire et la tradition gardent un profond silence sur l'appellation de *Notre-Dame de Galilée*.

Quant à l'appellation *de Notre-Dame de Saint-Dié*, donnée à la Vierge de la Petite-Eglise, elle peut invoquer un passé historique.

Citons quelques témoignages :

Déjà au XIIIe siècle, en 1274, le chanoine-poëte que nous avons cité tant de fois, désignait la Petite-Eglise, dans le Prologue de son travail, sous le nom d'*Eglise de la Bienheureuse Vierge Marie, dans la ville de Saint-Dié en Vosges. Ecclesia Beatæ Mariæ Virginis in villa Sancti-Deodati in Vosago.*

Dans le même siècle, le Pape Nicolas III, dans une bulle rapportée par Jean Ruyr, (*page 451*), parle de l'*Eglise de Sainte Marie de Saint-Dié. Ecclesia Sanctæ Mariæ de Sancto-Deodato.*

Au siècle suivant, en 1359, Bertrand, évêque de Toul, vient faire ses dévotions en l'*Eglise de la Bienheureuse Vierge Marie de Saint-Dié. Ecclesia Beatæ Mariæ Virginis de Sancto-Deodato.* (Sommier. Hist. de l'Eglise de Saint-Diez. *page 424*).

---

(1) Le livre des successeurs de saint Hydulphe, dans Belhomme (*Hist. Mediani Monast.* pag. 195), parle expressément des deux abbayes nommées Moyenmoutier et Galilée ; *duas abbatias, Medianum monasterium et Galilæam.* Un diplôme de l'empereur Henri III (*Sommier, Hist. de l'église de Saint-Diey*, pag. 356), mentionne l'Eglise de Saint-Dié, dans le val de Galilée : *Ecclesiam Beati Deodati, in valle Galilæâ,* etc. On pourrait accumuler des témoignages.

Jean Ruyr, au XVIIe siècle, (*page 466*) nomme expressément *Notre-Dame de Saint-Diey*. Et à la dernière page de son livre, dans l'indication des sources qui lui ont servi à composer son ouvrage, il cite en dernier lieu, les *Miracles de Sainte Marie de Saint-Dié. Miracula S. M. Sandeodatensis*.

Le procès-verbal de la résurrection d'un enfant mort-né de Saulcy, parle de *Notre-Dame de ce lieu de Saint-Diey*.

L'inscription qu'on lit sur un tableau de l'église de Fraize, porte *Notre-Dame de Saint-Diey*.

On lit dans le registre des délibérations capitulaires, à la date du 3 juillet 1668, que « Messieurs ont déchargé et « déchargent le sieur Pierre du Lys, prieur de Notre-Dame « des Trois-Épis, en Alsace, de remplacer une maison ca- « noniale,... en considération de l'orgue de *Nostre-Dame* « *de Saint-Diey*, qu'il a fait construire pour la plus grande « partie. »

Tous ces témoignages sont du XVIIe siècle.

Le Capucin Benoit Picard, au XVIIIe siècle, dans son *Histoire de la ville et du diocèse de Toul, page 454*, rappelle le livre des Miracles de *Notre-Dame de Saint-Dié*.

Enfin, M. Coly, dans ses Manuscrits, *tom. 2, page 541*, emploie aussi le terme de *Notre-Dame de Saint-Dié*.

Il est donc certain que depuis longtemps, quand on voulait distinguer notre pèlerinage de tout autre, on disait *Notre-Dame de Saint-Dié*. Mais ici encore, il ne faut pas prendre ce nom pour un vocable proprement dit, puisque de l'examen attentif de tous les monuments, il résulte que dans les siècles passés et dans la première moitié du XIXe, il n'y en avait pas ; et que hors les cas où l'on devait éviter la confusion, on se contentait ordinairement du titre général de *Notre-Dame*.

* *

Ceci nous amène à discuter le sens de la formule nouvellement introduite : *Notre-Dame de Galilée*.

Cette formule ne saurait avoir aujourd'hui le même sens qu'elle aurait eu autrefois, à supposer qu'elle ait jadis été en usage, ce que l'on peut admettre comme possible. En effet, autrefois, c'eût été une désignation de lieu ; maintenant, au contraire, ce ne peut plus être qu'un vocable fondé sur des souvenirs.

Et d'abord, il ne saurait être question de donner aujourd'hui à cette formule le sens qu'elle aurait eu jadis, puisqu'aujourd'hui Galilée n'est plus le nom ni du val, ni de la ville, ni de l'église. Comme indication topographique ou géographique, concernant notre pays, ce nom est depuis longtemps tombé en désuétude.

Ce sont nos pères, avec leur grand esprit de foi, qui jadis l'ont abandonné, et l'ont remplacé par celui de *Saint-Dié*, pour honorer ainsi notre saint fondateur. Nous savons, en effet, qu'après la canonisation de saint Dié par le Pape saint Léon IX, au XIe siècle, on le donna comme titulaire à la Grande Eglise. Bientôt, la ville et le val furent aussi désignés sous le nom de *Saint-Dié*. Pendant quelque temps l'ancienne appellation de Galilée subsista concurremment avec celle de Saint-Dié ; mais peu à peu, cette dernière a définitivement prévalu. Le val toutefois conserva plus longtemps que la ville le nom de Galilée.

Le chanoine-poëte du XIIIe siècle, dans son travail relativement court, nous parle jusqu'à cinq fois de *Saint-Dié*, et il n'emploie pas une seule fois le nom de *Galilée*. A cette époque donc, la formule ordinaire était déjà *Saint-Dié,* au moins quand on voulait désigner la ville.

Cela posé, si l'on veut s'en tenir à la tradition, qui ne donne pas de vocable spécial à notre Vierge et à notre Sanctuaire, on ne pourra pas dire aujourd'hui *Notre-Dame de Galilée*, mais simplement Notre-Dame ; ou bien, s'il est nécessaire d'ajouter un déterminatif, on devra dire : *Notre-Dame de la Petite-Eglise* ou *Notre-Dame de Saint-Dié*. Autrement, ce serait commettre un anachronisme, et bouleverser les notions géographiques.

Mais l'appellation de *Notre-Dame de Galilée* ne suppose pas nécessairement une tradition ou une désignation géographique.

En réalité, c'est un *vocable*, récemment créé dans le but de rappeler aux générations présentes, qu'autrefois en ces lieux s'élevait un monastère du nom de Galilée. Cependant la nouveauté de ce vocable ne détruit point sa légitimité. Car, la création ou l'introduction d'un vocable nouveau ne dépasse point le pouvoir épiscopal. Et l'intervention de ce pouvoir ne fait ici aucun doute.

En effet, le nom de Notre-Dame de Galilée qu'on lit au pied de la statue exposée au fond de l'abside de la Petite-Eglise en est une preuve plus que suffisante. On n'a pu l'y inscrire, et à plus forte raison l'y maintenir, sans une approbation au moins implicite de l'autorité épiscopale. En admettant même que tout d'abord on fût parvenu à l'introduire d'une manière subreptice, et en dehors de l'évêque diocésain, le silence ultérieur de celui-ci, le simple fait d'une tolérance qui dure depuis tant d'années, équivaudrait encore à une approbation formelle. Car, en raison de sa dignité, et de la surveillance qu'il doit exercer sur les églises et les chapelles de son diocèse, et sur tout ce qui tient au culte, un évêque ne saurait se garder d'élever la voix et de protester contre l'introduction d'un vocable qui lui déplaît et qu'il réprouve. C'est ici le cas d'appliquer le vieil adage : *Qui tacet consentire videtur*. Qui ne dit mot, consent. D'autant plus, qu'il s'agit dans l'espèce d'une église célèbre, située dans la ville épiscopale, attenante à la Cathédrale et voisine de l'Evêché. En de telles conditions, la moindre innovation ne peut échapper à l'œil vigilant d'un évêque, ni laisser son cœur et son esprit dans l'indifférence.

Mais nous avons mieux que des raisons *a priori*, nous avons des faits. C'est un évêque de Saint-Dié, Mgr Caverot, aujourd'hui cardinal et archevêque de Lyon, qui fit ériger la statue actuelle de Notre-Dame, et consacra le vocable de Notre-Dame de Galilée, en le faisant inscrire au-dessous de la statue. Et nous croyons nous rappeler qu'en maintes circonstances, et en particulier dans une lettre qui reçut une certaine divulgation, l'Em. cardinal daignait rappeler ses intentions, et la part qu'il avait prise, comme évêque de Saint-Dié, à la création de ce vocable.

Le vocable de Notre-Dame de Galilée se présente donc *aujourd'hui* sous le couvert de l'autorité ecclésiastique. Qu'importe d'ailleurs sa récente origine ? Il ne revendique pour lui que le droit d'existence. Et comment le refuser à un vocable sanctionné par l'autorité légitime, et qui, de plus, est gracieux, rappelle des souvenirs historiques locaux, et prête même, si l'on veut, à la poésie et aux allusions bibliques ?

Et maintenant, résumons-nous en deux mots. *Notre-Dame de Galilée* n'est pas le nom de l'ancien pèlerinage, et c'est pourquoi, en parlant de cet ancien pèlerinage, et de l'image qu'on y vénérait, on n'a aucune raison plausible d'employer un vocable nouveau, inconnu de toute la tradition ; mais ce même vocable a été choisi pour désigner la statue moderne et le pèlerinage dont elle est aujourd'hui l'objet, et conséquemment si nous le restreignons à cette dernière signification, il est légitime et à l'abri de toute critique.

CHAPITRE VIII

L'IMAGE MIRACULEUSE

Quand Dieu veut distribuer ses dons, par l'intercession de la Sainte-Vierge ou des Saints, il attache d'ordinaire leur dispensation à l'emploi de quelque signe extérieur. Pour montrer que c'est à leurs prières qu'il accorde telle ou telle faveur, souvent il veut qu'on prie devant leurs reliques ou leurs images.

L'Eglise Notre-Dame à Saint-Dié renfermait une image de Marie ; et c'est devant cette image que s'opérèrent la plupart des prodiges. C'est ce qu'atteste Riguet, quand il nous parle des miracles faits au XIIIe siècle « devant l'image de Notre-Dame, qui est en notre Petite-Eglise. » (*Hist. des gr. Prévôts, chap. 13.*)

Cette image peut donc à bon droit être qualifiée de miraculeuse, au même titre que celles de divers sanctuaires.

Mais à quelle époque remontait cette image ? Etait-elle aussi ancienne que le sanctuaire ? Nous n'avons trouvé aucune réponse à ces questions.

Qu'est-elle devenue ? Nous ne le savons pas davantage. Peut-être a-t-elle disparu au moment de la Révolution.

Car, la statue qu'on voyait il y a 20 ou 30 ans à la Petite-Eglise, et dont on a fait depuis divers copies, n'est point l'ancienne image si longtemps vénérée par nos pères.

L'ancienne image (c'est notre conviction la plus intime, et nous allons essayer de la faire partager), représentait une *Vierge-Mère*, tandis que la statue en question figurait la Sainte Vierge *seule,* debout, les mains jointes, la tête et les yeux tournés vers le ciel.

On le voit, les modèles sont essentiellement différents. L'identification est donc impossible.

Il nous reste à établir notre proposition, à savoir que l'ancienne image vénérée à la Petite-Eglise, avant la Révolution et de temps immémorial, était une *Vierge-Mère*.

Nous nous contenterons de deux témoignages. Jean Ruyr nous fournira le premier. Dans la 1re édition des *Sainctes Antiquitez de la Vosge*, Jean Ruyr fit graver divers sujets, destinés à figurer quelques-unes des choses dont il faisait la description. Ces sujets sont au nombre de cinq. Or, le quatrième d'entre eux représente la Vierge de la Petite-Eglise. Ceci est certain, puisque d'abord cette gravure se trouve à la page 365, c'est-à-dire immédiatement avant la *Narration succincte des Miracles de la Vierge Marie, en son église construite à son honneur par le bienheureux saint Dieudonné;*

et qu'ensuite, au bas de la gravure, on lit cette légende qui ne laisse aucun doute sur le sujet qu'elle représente :

> La Vierge incomparable,
> Voyant sainct Dieudonné
> D'un cœur leste adonné
> Au dessein très-louable,
> De servir au grand Dieu
> Dans cette solitude,
> De miracles son lieu
> Illustre, et son étude.

Il est donc bien question de l'image de Notre-Dame à la Petite-Eglise.

Or, la gravure qui est destinée à figurer cette image, toute défectueuse qu'elle soit, au point de vue de l'art, et même de la fidélité d'exécution dans les détails, ne saurait manquer de reproduire au moins dans ce qu'elle a de plus caractéristique l'image de l'Eglise de Notre-Dame. Raisonnablement, on ne peut supposer le contraire.

Cela posé, nous constatons que la gravure du livre de Jean Ruyr nous présente une *Vierge Mère*, debout sur un croissant, drapée dans un ample manteau, avec une couronne sur la tête, de longs cheveux et un voile retombant sur les épaules.

Donc, en 1625, date de l'apparition de ce livre, l'image vénérée à la Petite-Eglise de Saint-Dié était une *Vierge-Mère*, bien différente de celle qu'on y a vue depuis.

Voici maintenant notre second témoignage.

Nous avons parlé d'un tableau de l'église de Fraize représentant la résurrection d'un enfant. Or, d'après la légende inscrite au bas de cette peinture, il résulte qu'on avait fait porter un enfant mort-né « *devant l'image de Notre-Dame de Saint-Diez.* » Ici encore, quoiqu'il en soit des détails et de la perfection de l'exécution, on doit présumer que le peintre a dû se préoccuper de reproduire, au moins dans les grands traits, l'image vénérée à la Petite-Eglise, *l'image de Notre-Dame de Saint-Diez*. S'il l'a fait, notre proposition est encore prouvée : car, ce tableau représente la Sainte Vierge portant l'Enfant-Jésus dans ses bras.

Le doute n'est donc pas possible. L'ancienne image miraculeuse de la Petite-Eglise est bien différente de celle qu'on y voyait pendant la première moitié de ce siècle.

A défaut de l'antique statue miraculeuse, la statue actuelle a donc au moins le mérite de reproduire plus fidèlement celle qui fit si longtemps la gloire de la Petite-Eglise, puisqu'elle représente la Sainte Vierge portant dans ses bras le divin Enfant-Jésus.

CHAPITRE IX

LE CHAPITRE DE SAINT-DIÉ ET L'ÉGLISE NOTRE-DAME

Le Chapitre de Saint-Dié a toujours professé une grande vénération pour le sanctuaire de Notre-Dame. Et l'on peut dire qu'il n'a négligé aucune occasion de manifester ce noble et pieux sentiment.

Héritier des traditions laissées par saint Dié lui-même, il ne s'est jamais démenti dans sa dévotion à la Sainte Vierge, et s'est toujours fait gloire de posséder à côté de sa grande Eglise, l'insigne collégiale, sa petite Eglise de Notre-Dame.

Que de fois l'antique Chapitre ne dut-il pas la restaurer cette chère petite Eglise, si souvent pillée, ravagée et incendiée ?

La dernière grande restauration se fit dans la seconde moitié du XVIIe siècle. Il fallait remédier à l'écartement des murs, provoqué par la poussée des voûtes de la nef, et prévenir ainsi l'effondrement de l'édifice.

Qu'on l'attribue à un vice de construction, ou aux ravages causés par les incendies, et notamment par celui de 1554, n'importe, cette poussée devait être conjurée.

Néanmoins, malgré l'urgence des travaux et la bonne volonté du Chapitre, la restauration dut subir de longs délais.

On ne se les explique que trop facilement, quand on songe aux malheurs de cette époque, si désastreuse pour la Lorraine, et en particulier pour la ville et les églises de Saint-Dié. Les Suédois, ou leurs alliés, semaient la désolation sur leur passage. Ce n'était que pillages, ruines et incendies.

« Foulée par le fréquent passage des armées de France et d'Allemagne, écrivait le 7 avril 1665, l'abbé de Riguet, Grand-Prévôt de l'Eglise de Saint-Dié, privée de ses murailles, sans espoir de les voir rétablies (1), la ville de Saint-Dié se trouve continuellement exposée au pillage et aux dégâts. Plus de vingt fois dans la dernière guerre, elle a été saccagée par les partis et abandonnée par ses habitants. » « *Oppidum... vigesies et ampliùs... eversum et expilatum, ab omnibus... sæpe diùque... desertum.* » (Réponse au cardinal Ginetti) (2).

(1) La ville de Saint-Dié, comme toutes les places fortes de Lorraine avait été démantelée en 1641, par ordre de Louis XIII.

(2) En 1633, les Suédois ravagent le Val de Saint-Dié, et le rhingrave Othon, leur allié, s'empare de la ville. En 1635, Jean de Werth surprend à Saint-Dié 22 compagnies d'infanterie française. « En 1636, la collégiale, la maison du Grand-Prévôt, celle du secrétaire du Chapitre, et celles d'autres chanoines furent incendiées par les Suédois et mises au pillage. La châsse qui renfermait les reliques de saint Dié fondit, sous l'action du feu, et le métal en fut mélangé avec celui des cloches. » (Riguet, *Mémoires historiques, p. 35, et Recueil des droits et privilèges de nostre Eglise... par Joseph-Ignace Comte de Rennel, chantre en dignité et chanoine, l'an 1731, tom. 3, fol. 27*). Nous disons en *1636* et non en *1639*, comme l'écrit Gravier (*pag. 267*) et comme le répète après lui Chanzy (*pag. 145*). L'église de Saint-Dié ne fut pas incendiée en 1639. En effet, dans un *Mémoire* de l'an 1689, le Chapitre rappelle « *le dernier incendie, de l'an 1636.* » (Rennel, *tom. 3, fol. 26, vers.*) Le village de Hellieule, situé un peu en aval de Saint-Dié, sur la rive gauche de la Meurthe, et qui appartenait au Chapitre, fut brûlé et détruit de fond en comble. Le Chapitre lui-même avait dû fuir à l'approche des Suédois. Ce ne fut pas l'unique fois.

« En l'année 1643, environ le mois de mars, le régiment de cavalerie du colonel Toubbatel, pour le service du roi de France, ayant quartier d'hyver dans la ville de Saint-Diez, le désordre y fut tel que tous les chanoines furent contraints de se sauver, leurs maisons pillées, *les églises* pareillement, où lesdits sieurs chanoines et les bourgeois

Le Chapitre parlait de même, en 1683.

Il s'agissait d'un procès contre les chevaliers de l'Ordre de Notre-Dame du Mont Carmel et de Saint Lazare de Jérusalem, qui élevaient des prétentions sur l'hôpital de Saint-Dié, fondé et doté par le Chapitre. Les chanoines remontrent qu'ils se trouvent dans l'impossibilité de produire tous leurs anciens titres ; « leur église ayant souffert *vingt-deux* pillages, et l'incendie ayant quasi été général, depuis l'année 1635. » (*Rennel, tom. 1, fol. 132 verso et 133*).

Les désastres n'étaient pas encore réparés en 1687, puisque pour se soustraire à l'obligation de payer la portion congrue aux curés du Val de Saint-Dié, le Chapitre invoque entre autres motifs, « les incendies des deux églises, cloîtres et maisons canoniales, le lieu de leur situation, et celle de ses biens, qui étant sur la grande route et passage des troupes, ont été ruinés jusqu'à la dernière désolation, en sorte que, d'âge d'homme, ils ne pourront être remis en l'état qu'ils étoient avant les guerres. » (*Rennel, tom. 3. fol. 40*).

---

avaient retiré une bonne partie de leurs biens, comme dans un azile... » (*Rennel, tom. 1, fol. 9, vers.*)

En 1649 et 1650, trois compagnies du régiment de Toubald étaient logées à Saint-Dié, en quartier d'hiver (*Actes capitul. 28 déc. 1649, 22 janv. 1650*) ; il fallait faire des présents (*sic*) ou plutôt payer des contributions de guerre, et subir les insolences des soldats presque tous hérétiques (*Du 20 mai 1650*). On constate de nombreux dégâts dans les campagnes (*16 avril, 22 sept. 1650*), et les fermages subissent une forte réduction. Les chanoines sont encore obligés de fuir, pour ne pas être prisonniers (*7 fév. et 5 août 1651 ; 3 mai 1653*).

En 1674 et 1675, nouveaux passages de troupes et nouvelles terreurs. Un acte capitulaire du 22 sept. 1674, nous apprend que les chanoines ont fait conduire « leurs titres, ornements, argenterie et tapisseries à Basle en Suisse. » D'après un autre acte, du 15 juin 1675, il résulte que lors du passage des armées de Turenne à Saint-Dié, 17, 18, 19 et 20 mai, la plupart des bourgeois de la ville abandonnèrent leurs maisons, et se réfugièrent dans celles des chanoines, dans le cloître et dans les églises, et qu'un mois après, ils n'avaient pas encore osé rentrer chez eux, en sorte que les troupes qui passaient continuellement ne trouvaient personne pour les loger. Sans doute que le souvenir du passage des Suédois les terrorisait encore.

Enfin, à la date du 15 septembre de la même année 1675, nous lisons que « les troupes passent, repassent et séjournent continuellement dans le Val. »

Au milieu des agitations de cette époque si tourmentée, le Chapitre n'oubliait pas son église Notre-Dame.

Longtemps, toutefois, il dut se contenter de projets ou de réparations insignifiantes. Les temps étaient encore trop peu sûrs et les ressources faisaient absolument défaut. Ainsi en 1653 et en 1668, il se borne à remplacer quelques dalles qui manquaient au pavé. Dans plusieurs délibérations des années 1667 et 1675, il exprime des vœux pour « la réparation des arcades du cloître du côté de Notre-Dame. » Mais la consolidation de la voûte restait toujours à entreprendre.

Le 20 décembre 1689, on prit à cet effet une résolution capitulaire ainsi conçue : « On a fait souvenir de l'avis de l'architecte de Moyenmoutier (1), savoir de ne point mettre de clefs dessous la voûte (2) de l'église Notre-Dame, ni d'en faire passer par l'église, mais seulement en dessus de la voûte ; et faire deux arcs-boutants à la gauche, et de réparer le cloître à la droite de la même église. »

L'inspection de l'édifice actuel montre que ce plan fut ponctuellement exécuté. Car, selon la remarque de M. le chanoine Coly, « les arcs-boutants qu'il demande se voient à gauche de l'église ; les clefs, sur la voûte ; et le cloître rétabli à droite. »

A quelle époque eut lieu cette restauration? Ce fut, croyons-nous, en 1697, ou au moins vers 1697. Il est d'abord évident qu'elle est postérieure à la délibération capitulaire du 20 décembre 1689, citée plus haut. D'autre part, le millésime de 1697, gravé au-dessus de l'arcade qui fait communiquer le cloître avec la cour antérieure de la petite église, indique l'époque précise de la réparation de cette partie du cloître

---

(1) Quel est cet architecte de Moyenmoutier? En quelle année avait-il soumis ses plans? Nos recherches sur ces deux questions sont demeurées infructueuses.

(2) C'est-à-dire des tirants ou chaînages, soit en bois, soit en fer, destinés à remédier à l'écartement des murs. On conçoit que le passage de ces tirants à travers l'église aurait présenté un aspect disgracieux, et que la nécessité seule pouvait faire adopter ce parti. On l'a fait pour l'église romane de Longuyon.

attenant à l'église Notre-Dame. Or, il est fort probable que ces divers travaux se firent à la même époque, puisqu'ils furent l'objet d'une seule et même délibération.

La persévérante sollicitude du Chapitre de Saint-Dié pour la restauration et l'entretien de l'église Notre-Dame, dans les circonstances difficiles que nous avons signalées, nous paraît digne de tout éloge. Elle proclame éloquemment et sans réplique la dévotion de ce corps ecclésiastique pour la Très Sainte Vierge.

Qu'on veuille bien le remarquer, en effet, la Petite-Eglise, en raison même du voisinage de l'église collégiale, pouvait paraître superflue; son abandon était sans inconvénient pour la célébration du culte, et trouvait une excuse toute prête dans la pénurie des ressources et l'obligation de restreindre les dépenses au strict nécessaire. Mais, au lieu de se livrer à des calculs aussi mesquins, le Chapitre s'imposa volontiers des sacrifices pécuniaires pour le rétablissement de l'église Notre-Dame.

Ainsi, après ce terrible incendie du 6 juillet 1554, où un feu « plus que violent » et « plus que grégeois », comme disait Jean Herquel (1) dans un compte-rendu de dépenses,

---

(1) Jean Herquel, de Plainfaing, plus connu peut-être sous le nom latinisé de Herculanus, a composé en latin une Vie du duc Antoine, et les *Antiquitates Vallis Galileæ*. Il dédia ce second ouvrage (29 novembre 1541) à ses confrères du Chapitre de Saint-Dié. Sonrier du Val en 1555, écolâtre le 14 octobre 1559, il mourut le 31 mai 1572. Le *Propre* de la collégiale de Saint-Dié marquait dans le calendrier, à la date du 31 mai, qu'à la messe de ce jour, on doit donner un souvenir à Jean Herquel. Ce chanoine, écrit dom Calmet, dans la *Bibliothèque lorraine*, « étoit fort curieux, et avoit amassé quantité de bons manuscrits et d'anciennes éditions qu'il a laissés dans la Bibliothèque du Chapitre de Saint-Diey. »

Puisque nous en trouvons l'occasion, nous ferons observer que Gravier, dans son *Histoire de Saint-Dié* (page 229), s'est montré fort mal inspiré, quand il écrivit cette phrase, aussi sotte qu'elle veut être méchante : « L'écolâtre ou le scholastique, presque toujours le plus ignorant des chanoines, savait à peine écrire son nom; jamais titre ne fut plus ridiculement porté. » Cette insulte gratuite tombe droit sur Jean Herquel, car l'époque de 1560 à 1580, dont Gravier s'occupe à la page 229, est précisément celle où Jean Herquel, qui savait pourtant mieux qu' « à peine écrire son nom », exerçait au Chapitre de Saint-Dié les fonctions d'*écolâtre*. Il faut avouer que Gravier pouvait difficile-

dévora en une heure les deux églises, leurs cloches, les cloîtres et 134 maisons, sans compter les granges, le Chapitre ne se laissa pas abattre par une catastrophe qui portait un coup si terrible à sa fortune. Il se mit à l'œuvre aussitôt, et pour faire face aux dépenses nécessitées par le rétablissement des « églises et cloîtres, ruinés en partie », il n'hésita pas à vendre en 1560, après en avoir demandé l'autorisation au Saint-Siège, ses quatre ménanties du Chesnoy ([1]). (*Rennel, tom. 2, fol. 122.*)

* *

L'entretien et la conservation du sanctuaire de Notre-Dame n'exigèrent pas toujours l'aliénation de biens aussi considérables, mais, il faut en convenir, ces restaurations multipliées constituaient pour le Chapitre de Saint-Dié, surtout dans les derniers siècles de son existence, une charge vraiment écrasante.

On nous a trop habitués à regarder les anciens Chapitres comme possesseurs d'immenses revenus. Cette appréciation, souvent fort exagérée, l'est tout-à-fait, si on l'applique aux chanoines de la collégiale de Saint-Dié, à partir du XVe ou du XVIe siècle. Le titre d'*insigne* donné à leur église, et les divers *droits régaliens* dont ils gardèrent la jouissance, en

---

ment commettre une plus grossière bévue, bien qu'il soit coutumier du fait.

Nous pouvons citer d'autres écolâtres du Chapitre de Saint-Dié qui sont loin d'avoir laissé une réputation d'ignorance. Jean Monachis, *écolâtre* en 1467, puis doyen, et plus tard archidiacre de Gray et official de Besançon, nous est représenté comme « *litterarum scientiâ ac morum honestate multipliciter commendatus* », très recommandé par l'honnêteté de ses mœurs et ses connaissances littéraires (*Archives dép. des Vosges, citées par M. de Chanteau : La Vie privée des Chanoines, p. 8.*) Désiré Charvet, écolâtre en 1491, était *un lettré et un savant*. (*M. A. Benoît : Bulletin de la Soc. Phil. de Saint-Dié, tom. 8, pag. 116.*) Frédéric Barrat, natif d'Imbrecourt, commune de Vouxey, et qui remplissait en 1616 les fonctions d'*écolâtre* à Saint-Dié, était *docteur en théologie* (*Rennel, tom. 3, fol. 75.*) Rodolphe Thierry, auteur d'un *Recueil des droits et privilèges* de l'église de Saint-Dié, devint *écolâtre* le 25 juin 1674, et chantre le 29 mars 1680, etc.

(1) Le Chesnoy fait partie de la commune de Saulcy-sur-Meurthe.

partie du moins, jusqu'à l'époque de la Révolution, ont pu et peuvent encore faire illusion à quelques esprits.

Parce que, jusqu'en 1789, le Chapitre de Saint-Dié avait droit de haute, moyenne et basse justice dans les deux tiers de la ville et dans la totalité de sa banlieue; parce qu'il était seul seigneur décimateur et curé primitif dans la ville et tout le val; parce qu'à Saint-Dié, il faisait exercer la police, en commun avec les officiers du duc, et plus tard avec les officiers royaux (1); parce que le Chapitre avait un tribunal de première instance, nommé la *Pierre-Hardie*, où se décidaient toutes les causes de ses sujets, et un tribunal de seconde instance, ou *Buffet*, dont les appels ressortissaient nûment au Parlement; parce qu'il avait droit, à l'exclusion des officiers royaux, d'apposer les scellés à l'effet de procéder aux inventaires et aux successions des dignités, chanoines, secrétaire, bibliothécaire, sous-chantre et vicaires du Chapitre, mourant dans les maisons canoniales et autres maisons situées dans les limites de sa juridiction (*Cf. Almanach de Lorraine et Barrois, 1789, pag. 140, 141, et Bulle d'érection de l'évêché de Saint-Dié*), il ne s'ensuit nullement que ce Chapitre nageait dans l'opulence, et que les revenus des chanoines aient été considérables.

Citons plutôt quelques chiffres :

En 1603, on estimait une prébende canoniale de Saint-Dié à un peu plus de 2.700 francs de Lorraine (*Riguet, Hist. des Grands Prévôts, ch. 32 et 36*), c'est-à-dire moins de 1.200 francs, car il fallait sept francs de Lorraine pour un écu de trois livres (*Phelippot, d'après Barrême, Nancy 1749*). En 1667, la prébende ne valait plus que 50 francs par mois (*Actes Capitul. du 12 mars 1667.*) Elle se relevait à peine à 1.500 livres en 1730 (*Mémoire pour les Chanoines.*) Elle valait 2.000 livres en 1763 (*Thibaut, Lois et usages de la Lorraine, page 366. Cf. M. de Chanteau : Notes pour servir*

---

(1) Ces officiers royaux étaient nommés par l'évêque, seigneur et comte de Saint-Dié, par concession du roi.

à l'*Histoire du Chapitre de Saint-Dié, aux XVIIe et XVIIIe siècles, pag. 8.*) Enfin, dans les dernières années du XVIIIe siècle, elle ne montait pas à 100 louis (*Mémoire contre M. Duguenot.*)

Quant aux revenus du Chapitre, un *Mémoire sur l'Etat de la Lorraine à la fin du XVIIe siècle*, publié en 1859, par la *Société d'Archéologie lorraine*, dans son *Recueil de Documents* (*pag. 47*), les évalue à 15 ou 16.000 livres de rente, année commune. Le Registre Capitulaire, que nous avons cité plusieurs fois, contient aussi de minutieux détails sur les recettes et les dépenses du Chapitre de Saint-Dié, et confirme amplement notre proposition sur l'état financier des chanoines et du Chapitre de Saint-Dié au XVIIe siècle.

Même en tenant compte de la dépréciation subie par le numéraire, il faut avouer que cette situation était modeste, et que, dans ces conditions, l'entretien de l'église Notre-Dame était une véritable charge pour le Chapitre.

*
* *

Les chanoines de Saint-Dié ne se bornaient pas à veiller à la conservation de la Petite-Eglise. Nous les voyons constamment préoccupés de faire quelque chose à la gloire de la Mère de Dieu et de son sanctuaire. Toutefois, les manifestations de leur dévotion revêtent diverses formes, suivant le temps et les circonstances.

Ainsi, la Grande-Eglise sans doute était l'église propre du Chapitre ; c'était sous ses voûtes que les chanoines célébraient ordinairement leurs offices, c'est dans son abside qu'ils avaient chacun leur stalle; cependant, ils se réunissaient quelquefois à l'église Notre-Dame, où on leur assignait aussi une stalle (*Actes Capit., 11 avril 1665, etc.*). Les procès-verbaux de prise de possession des chanoines témoignent qu'après son installation dans la collégiale, le récipiendaire est conduit devant le maître-autel de l'église Notre-Dame, et dépose une aumône dans le tronc de cette église. Le grand-prévôt lui-même avait son siège dans chacune des deux églises (*Prise de possession de l'abbé de Riguet, 4 mai 1660*). Et, deux fois par an, les chanoines célébraient l'office capitulaire à l'église Notre-Dame (*Bulle d'érection de l'évêché de Saint-Dié.*)

En dehors de ces circonstances exceptionnelles, d'antiques coutumes ou de pieuses fondations, comme celle de Pierre de Blaru ([1]), assuraient la célébration d'un grand nombre de messes à la Petite-Eglise. Il y avait des prêtres spécialement attachés au service de ce sanctuaire, sans parler des chapelains chargés de desservir les chapelles des absidioles ([2]).

A une certaine époque même, ces prêtres y récitaient journellement l'office en commun. Au commencement du XVIe siècle, ils étaient quatre, et portaient le titre de vicaires perpétuels de Notre-Dame. Ce personnel ayant paru insuffisant, on obtint du Pape Jules II, le 9 des calendes de mai, 23 avril 1512, l'union des revenus de la cure de Saint-Martin de Saint-Dié à la mense capitulaire, et à l'aide de cet accroissement de ressources, on créa deux offices de vicaires amovibles, en l'église Notre-Dame. Cette mesure élevait à six le nombre des vicaires de la Petite-Eglise. Elle fut adoptée, nous dit Sommier (*Hist. de Saint-Diez, p. 240*) pour donner aux vicaires de Notre-Dame la facilité de pouvoir « plus commodément y réciter journellement les heures canoniales et y célébrer les messes. »

Combien de temps dura cet état de choses ? Nous l'igno-

(1) Par son testament, écrit en 1510, l'auteur du poëme *La Nancéide*, Pierre de Blaru, chanoine de Saint-Dié et curé de Saint-Clément, près de Lunéville, fondait à l'église Notre-Dame deux messes par semaine, le jeudi et le vendredi. On voit encore aujourd'hui, dissimulée derrière un confessionnal, encastrée dans le mur du bas-côté sud de la Petite-Eglise, l'épitaphe que Pierre de Blaru s'est composée lui-même.

(2) La chapelle de Saint-Jean-Baptiste était à la collation du grand-prévôt ; celle de la Madeleine, à la collation du Doyen. Un titre du XIVe siècle, cité par Riguet (*Mémoires historiques... Manuscrit de la Bibliothèque publique de Saint-Dié*), nous apprend que chaque année, le jour de la Nativité de la Sainte Vierge, on chantait les matines à la chapelle Saint-Michel (plus tard Saint-Jean-Baptiste) de l'église Notre-Dame.

rons. Toutefois, en 1734, il n'y avait plus en l'église Notre-Dame ni vicaires perpétuels, ni vicaires amovibles (*Requête des Senier et Curés du Val de Saint-Dié, 1734*) ; tandis qu'en 1541, au témoignage du chanoine Jean Herquel, le personnel de la Petite-Église se composait toujours de six vicaires. (*Antiquitates Vallis Galilœœ, cap. 10.*)

* *

Les guerres du XVIIe siècle, le désarroi qui en suivit, la diminution des revenus du Chapitre, et peut-être aussi, cet affaiblissement de la foi et de la piété dont parlait Jean Ruyr, firent tomber en désuétude plusieurs des belles et pieuses coutumes auparavant en honneur à l'église Notre-Dame.

Le grand doyen Pierre Richard entreprit de les rétablir, autant du moins que le permettraient les circonstances. Le Chapitre s'associa volontiers à son désir, par une délibération du 12 mai 1651, conçue en ces termes :

« Messieurs capitulairement congrégés, le sieur Pierre Richard, Grand Doyen, ayant remonstré, que l'Eglise de Nostre-Dame s'en alloit estre comme déserte et abandonnée, à cause qu'on n'y disoit presque point de Messes, et que pour se conformer en quelque façon à l'ancienne coustume, il seroit bien à propos d'y dire au moins la Messe tous les jours, pendant les Matines, et que pour ce faire, il s'offroit à la dire tous les jours, lorsqu'il ne sera obligé d'ailleurs, pourveu qu'on le veuille tenir présent à Matines, lorsqu'il dira la dite Messe, mesdits Sieurs ont agréé son offre, et ont dit qu'il ne seroit point tenu absent à Matines, lorsqu'il célèbrera ladite Messe. »

La délibération capitulaire du 4 juillet 1671 étendit ce privilège à « quiconque de Messieurs dira la Messe journale à Notre-Dame... pourvu qu'il en avertisse le sieur Distributeur, quand ce sera un autre que celui qui la dit ordinairement. »

Presque tout était à refaire, après la terrible invasion des Suédois. Une délibération capitulaire du 8 mai 1653 nous

apprend qu'on va remettre « l'Image de Notre-Dame sur le
« Grand Autel de la Petite Eglise » et que « le sieur Beau-
« jean, chanoine écolâtre, en a pris la charge. »

Le 25 janvier 1667, le Chapitre décide de prendre sur les revenus de la prébende aux orgues de la Grande Eglise (1), « pour subvenir aux frais de l'orgue de Nostre-Dame. » (2).

Par une autre délibération, en date du 4 janvier de la même année, nous voyons que le sieur Jacquet, chanoine et écolâtre, fait don à l'église Notre-Dame d'une « bague de « diamants, pour être employée à rétablir quelque ancienne « dévotion, ou en établir une nouvelle à la dite église. »

**
*

Parmi ces pratiques de dévotion, en usage au Sanctuaire de Notre-Dame de Saint-Dié, nous devons mentionner l'entretien d'un cierge constamment allumé. Nous voyons, en effet, qu'en l'an 1515, le Pape Léon X unit les Cures de Saint-Dié et d'Hurbache à la mense capitulaire, « avec per-
« mission d'en appliquer les revenus à la fabrique et aux
« ornements des églises de Saint-Dié et de Notre-Dame, et
« pour l'entretien d'un cierge qui brûlait continuellement
« dans la dite église de Notre-Dame » (3).

(1) « Pour ajouter un nouveau lustre à l'église de Saint-Dié et y faire chanter les louanges de Dieu avec plus d'édification, le Pape Innocent VIII, en 1486, supprima deux prébendes vacantes dans la même église, et en appliqua les fruits pour l'entretien d'un maître de musique et de quatre enfants de chœur, auxquels ce maître de musique enseignerait les principes de la langue latine. Quelques années après, il y eut une troisième prébende supprimée par l'autorité du Pape Alexandre VI, pour en employer les revenus à l'entretien d'un orgue et d'un organiste. » (SOMMIER, *Hist. de St-Dié,* p. 232.) C'est cette dernière prébende qu'on désignait communément sous le nom de prébende aux orgues.

(2) Le facteur se nommait Antoine Taschet; il était aidé de deux ouvriers. Le Père Bruno, religieux de l'abbaye d'Etival, avait fait gratuitement la restauration de 1651. Il y eut encore une restauration de l'orgue de Notre-Dame, en 1690, par un facteur nommé Adam. (*Actes Capitulaires, passim.*)

(3) L'union de la cure d'Hurbache à la mense capitulaire de Saint-Dié ne dura qu'un an. Elle avait été faite malgré l'abbé de Moyenmoutier, prélat ordinaire de la paroisse d'Hurbache. Sur les réclamations

Tous les ans aussi, le premier jour de mai, on célébrait avec grande solennité l'anniversaire de la Dédicace de cette église, par une grand'messe et une procession solennelle. Longtemps on fit cette procession à travers les rues de la ville, mais à partir de 1670, on la restreignit au Cloître par crainte des mauvais temps et pour la conservation des ornements. (*Délibération Capitulaire du 29 avril 1670.*)

Les chanoines de Saint-Dié témoignèrent encore leur vénération pour le Sanctuaire de la Petite-Eglise, en le faisant enrichir d'Indulgences par les Souverains Pontifes. Le Pape Nicolas IV accorda des Indulgences perpétuelles d'un an et quarante jours à tous ceux qui visiteraient les églises de Saint-Dié et de Notre-Dame, et cela, à chaque fête de Notre-Dame, à la fête de saint Dié, et durant leurs octaves, et encore aux anniversaires des dédicaces de ces églises (1).

Plusieurs membres du Chapitre voulurent être inhumés dans le Sanctuaire de Notre-Dame. Nous pouvons citer, au XVII° siècle, Claude Beaujean, ancien écolâtre, décédé le 27 juin 1660, et Charles Jobart, mort le 12 juin 1667. D'autres inséraient dans leur testament quelques clauses en faveur de la Petite-Eglise. Nous avons déjà mentionné la fondation de Pierre de Blaru. Citons encore celle du doyen Jean Monget, qui fonda, en 1472, un *Miserere* annuel, dans le chœur de de Notre-Dame, qu'il avait fait restaurer, et donna une rente de vingt francs pour que les curés du Val célébrassent dans la même église une messe à son intention, au jour de l'assemblée du Carême. Ce service se célébrait le lundi après

---

de cet abbé, le Chapitre de Saint-Dié consentit à la désunion. On recourut donc au Pape, et Léon X, par une Bulle du 4 des nones de juin, 2 juin 1516, réunit indissolublement la paroisse d'Hurbache à l'abbaye de Moyenmoutier, et révoqua la Bulle d'union au Chapitre de Saint-Dié, qu'on lui avait subrepticement extorquée l'année précédente. (*Cf.* Belhomme, *Hist. Mediani Monast.* pag. *375 et seq.*)

(1) L'anniversaire de la Dédicace de la Grande Eglise tombait le 18 septembre. A la Collégiale, cette Dédicace se célébrait sous le rite double de 1re classe avec octave. Dans les autres églises relevant de la juridiction spirituelle du Grand-Prévôt de Saint-Dié, elle était seulement de rite double majeur, et sans octave.

le troisième dimanche de Carême. (*Histoire des Grands Prévôts*) (1).

Bâtie, restaurée et entretenue par l'ancien Chapitre de Saint-Dié, l'église Notre-Dame faillit disparaître avec lui lors de la période révolutionnaire de la fin du siècle dernier. Nous dirons bientôt comment elle échappa au danger, et fut providentiellement conservée au culte de la Très Sainte Vierge.

(1) Les curés du Val se réunissaient encore à l'église Notre-Dame la veille de l'Ascension, pour y célébrer l'office des Rogations, et huit jours après pour y tenir leur synode. La première de ces réunions était connue sous le nom de *Foire aux Croix*, à cause de la quantité de croix et de bannières, venues de toutes les paroisses du Val, qui traversaient processionnellement la ville. La procession générale s'organisait à la Chapelle de la Croix de Périchamp.
« On voyait encore en 1795, à peu de distance de St-Dié, sur le bord de la route qui conduit en Alsace, une chapelle à laquelle on donnait le nom de Croix de Périchamp. On raconte à Saint-Dié qu'un prince de Lorraine, dont on ne dit pas le nom, revenant d'Alsace avec une armée, en trouva une d'ennemis qui voulait lui disputer le passage. Ce ne peut être que notre duc Antoine. Comme son armée était diminuée de beaucoup, et que celle des ennemis était bien supérieure, il fit vœu que si Dieu lui accordait la victoire, il ferait bâtir une chapelle sur le lieu où il allait combattre. La bataille se donna avec le plus grand acharnement, et malgré la bravoure des ennemis, il remporta sur eux une pleine victoire où peu échappèrent, et le lieu où se donna la bataille fut nommé *Périchamp*, comme qui dirait : *Champ* où ont *péri* les hommes de la religion Réformée. Antoine, de retour dans sa capitale, exécuta son vœu. La chapelle subsista jusqu'en 1795, puis les peuples de Saint-Dié qui ont embrassé la frénésie et le fanatisme l'ont démolie. » (*Tiré d'un Manuscrit contemporain.*) Au milieu de la chapelle, s'élevait une croix de pierre, qui avait longtemps renfermé une parcelle de la Vraie Croix. La situation isolée de la chapelle fit craindre des accidents, et l'on transporta la précieuse relique à la Grande-Eglise. Cette précaution fut insuffisante. En 1734, des malfaiteurs s'emparèrent de la relique et d'autres objets précieux. Le Chapitre aimait sa chapelle de Périchamp, dont il avait pris l'entretien à sa charge. Chaque année, il s'y rendait processionnellement le jour de l'Invention de la Sainte Croix. En 1555, il pria Clément de Boulay, évêque de Christopolis et suffragant de l'évêque de Toul, d'y consacrer un second autel, en l'honneur de la B. V. Marie, de saint Sébastien et de sainte Catherine. Par délibération du 12 mai 1689, il abandonna généreusement au curé de Saint-Martin toutes les offrandes faites à cette chapelle. Elles étaient surtout considérables le jour du Vendredi-Saint. La chapelle était fort fréquentée, notamment pendant l'Avent et le Carême. On s'y rendait surtout pour implorer la divine miséricorde, dans les peines et les afflictions. (*Act. capit. passim et Vie manuscr. de Saint Dié, composée au XVIIIe siècle.*)

CHAPITRE X

COMMENT LA PETITE-ÉGLISE ÉCHAPPA A LA DESTRUCTION ET A L'HÉRÉSIE

A Saint-Dié comme ailleurs, la Révolution revêtit un caractère anti-religieux et surtout anti-catholique. Pendant cette lamentable époque, les prêtres durent s'enfuir ou se cacher; les édifices religieux furent fermés ou profanés.

L'Administration du département des Vosges, jugeant sans doute que la Petite-Eglise de Saint-Dié était inutile, (le fanatisme n'a pas même le culte des souvenirs historiques) la fit mettre en vente pour être démolie.

Mais la Providence veillait sur ce sanctuaire et ne permit pas cet acte de vandalisme. Son principal instrument, dans cette affaire, fut un simple paysan, Michel-Antoine Lallemend, du hameau de Sauceray, commune de Saint-Michel.

Aidé et encouragé par deux honorables notaires de Saint-Dié, MM. Lamblé et Lemaire, il se résolut à faire le voyage d'Epinal pour acheter la Petite-Eglise et la sauver d'une ruine imminente.

Pour se procurer l'argent nécessaire, il n'avait pas hésité à vendre une paire de bœufs : « Je les donne volontiers, disait-il, à Dieu qui saura bien m'en rendre d'autres. » Avant de partir, il convint avec M. Lemaire que l'acquisition serait commune, et qu'elle passerait au dernier survivant. La précaution n'était pas superflue dans ces temps orageux.

Le 29 frimaire an VI (19 décembre 1797), la Petite-Eglise et le cloître se trouvaient donc mis en enchères publiques à Epinal, par les administrateurs du département. Déjà les mises s'élevaient à 35.000 francs, lorsque M. Lallemend fit une nouvelle mise de 100 francs. Les autres amateurs se retirèrent, et les deux immeubles lui furent adjugés pour le prix de 35.100 francs.

En faisant cette démarche et ce sacrifice, les généreux acquéreurs n'avaient qu'un but, sauver la Petite-Eglise et la rendre au culte de la Sainte Vierge, quand le moment serait venu. C'est pourquoi, le 23 ventôse an XIII (14 mars 1805), M. Lallemend, qui avait survécu à son associé, fit don à la commune de Saint-Dié de la Petite-Eglise et de ses dépendances, gratuitement et sans rétribution, sous la clause expresse que l'église ne serait et ne pourrait être employée à d'autre usage que pour le *Culte catholique*.

M. Lallemend fut heureusement inspiré de faire apposer cette clause formelle. Plus tard, en effet, les protestants de Saint-Dié demandèrent la Petite-Eglise pour leur servir de temple. La municipalité la leur aurait cédée sans difficulté, mais elle se trouva arrêtée par la clause de donation. Devant cet obstacle insurmontable, les protestants durent renoncer à leurs prétentions, et grâce à la sage prévoyance de M. Lallemend, suggérée sans doute par Notre-Dame elle-même, l'antique et miraculeux sanctuaire de Marie échappa à la profanation de l'hérésie. Depuis, la commune, obligée de respecter les conditions du donateur, en a fait cession à la Fabrique.

* *

La généreuse résolution de M. Lallemend, son dévouement à la cause catholique, le changement qui s'était opéré dans sa vie, au plus fort de la période révolutionnaire, se rattachent à un fait extraordinaire que nous allons raconter. Notre récit présentera toutes les garanties voulues d'authenticité, car nous l'empruntons presque textuellement à une lettre qu'un de ses fils, curé dans le diocèse d'Orléans, écrivait au mois de février 1860 (1).

Michel-Antoine Lallemend habitait le hameau de Sauceray, commune de Saint-Michel-sur-Meurthe, près Saint-Dié.

---

(1) M. Lallemend eut deux fils prêtres : l'un chez lequel il mourut, et l'autre auquel nous empruntons notre relation. Le premier était d'abord frère des écoles, dans le diocèse d'Orléans. Engagé par l'abbé Mérault, vicaire général de ce diocèse, à faire des études ecclésiastiques, il devint prêtre dans ce diocèse et y attira son frère.

Le bienfait d'une éducation chrétienne et pieuse l'empêcha de tomber jamais dans de grands excès. Pourtant, dans les premières années de son mariage, il se laissait parfois entraîner par la passion du jeu, et négligeait quelque peu son devoir. Sa femme, au contraire, bonne chrétienne, douée d'un sens très droit, le rappelait à ses occupations, ce qui occasionnait de temps en temps de petites discussions à la maison.

Survint la Révolution, Michel-Antoine Lallemend entra dans le mouvement, sans toutefois oublier les sentiments de piété qui lui avaient été inculqués dans son enfance. Mais peut être aurait-il fini par suivre le torrent, si Dieu, dans sa bonté, ne fût venu l'arrêter à temps. Comment cela se fit-il? Voici le peu que sa famille a pu en savoir.

Ecoutons le récit de son fils, le curé de Montbouy :

« Pendant les mauvais jours de la Révolution, le Conseil municipal de Saint-Michel était réuni au presbytère. La délibération prolongée le surprit dans les ténèbres. Pour avoir de la lumière, on pria quelqu'un d'aller chercher un cierge à l'église; comme personne ne s'en souciait, mon père s'offrit alors et monta à l'église. Mais pendant qu'il était près de l'autel, une voix l'interpella et entretint un colloque avec lui. »

Cependant on ne s'expliquait pas le retard du commissionnaire ; plusieurs personnes montèrent jusqu'à l'église pour s'en rendre compte, et elles purent entendre, depuis la grande porte, le bruit d'une conversation, mais sans pouvoir rien comprendre. Seulement, quand M. Lallemend sortit de l'église, on s'aperçut que sa physionomie était bouleversée et qu'il était tout méconnaissable.

« Il revint à la maison, reprend M. le curé de Montbouy, et y trouva ma mère qui l'attendait avec un voisin, son ami intime. Ils furent frappés du changement qu'ils remarquèrent en lui et l'interrogèrent sur ce qu'il avait. Pour toute réponse, il leur dit : Si nous ne nous convertissons pas, nous sommes perdus à jamais!

« A partir de ce moment, la famille fut soumise à une

règle compatible avec les occupations de la campagne. La prière en commun se fit trois fois par jour. Le matin, avant de manger, on choisit l'heure où tous, enfants et domestiques, étaient disponibles. Avant le repas de midi, on récitait le *Benedicite* à haute voix, et après, les *Grâces* à genoux, avec l'Angelus et d'autres prières durant plusieurs minutes. Le soir, après souper, mon père appelait par leur nom les ouvriers ou journaliers récalcitrants, et leur disait : Faites vos prières avec nous, vous n'aurez pas à les faire chez vous. Et tous se mettaient à genoux pour réciter à voix basse les prières que mon père disait toutes, à haute et intelligible voix. Je les ai apprises dès ma plus tendre enfance, à les lui entendre réciter chaque jour.

« Pour les dimanches et fêtes, les églises étant fermées ou administrées par des intrus, il avait fait faire une armoire à deux battants, garnie d'images. Au milieu s'élevait un grand crucifix, et au bas une image de la Sainte Vierge, sculptés par le vénérable frère Humbert (1). On ouvrait vers dix heures les deux battants et l'on récitait les prières de la messe. Après dîner, chacun de nous, frères et sœurs, apprenait le catéchisme, on lisait la vie d'un Saint, et pour Vêpres, on récitait des Psaumes à genoux et on chantait le *Magnificat*.

« Mon père se levait souvent la nuit pour prier à genoux, les bras en croix, devant le crucifix. Sa soumission à la volonté de Dieu était absolue, et sa prière presque continuelle. Quelque fatigué qu'il fût, quand il rentrait le soir, sa première parole était de demander si on avait fait la prière.

---

(1) Hubert Didier, connu sous le nom de frère Humbert, naquit à Gérardmer, à la ferme du Bergon, le 25 mars 1745. Pieux et mortifié, il habita d'abord quelque temps l'ermitage construit par M. le chanoine Raulin, au sommet de la montagne de la Madeleine, près Saint-Dié. Ses jours n'y étant pas en sûreté, il vint, 4 ou 5 ans avant la Révolution, occuper l'ermitage du Petit-Saint-Dié. Pendant la Révolution, il dut fuir et se cacher. Au rétablissement de l'ordre, il se retira dans une loge du jardin de la famille Haxo. C'est là qu'après une vie de travail, d'austérité, de piété et de charité, il mourut saintement et paisiblement le 24 décembre 1823.

Et, afin de ne retarder personne si elle n'était pas encore faite, il la commençait aussitôt avant de songer à faire préparer son repas.

« Mon père parlait peu de ce qui était à son avantage. Nourri des leçons du pieux chanoine Raulin, dont il faisait quand il pouvait sa plus agréable compagnie, il rapportait à Dieu le peu de bien qu'il pouvait faire avec sa grâce.

« Ma mère, mon frère curé, chez qui il est mort, d'autres prêtres encore, et moi-même, nous l'avons plusieurs fois interrogé sur le fait de Saint-Michel qui l'avait changé au point de lui faire porter le cilice, même quand il conduisait sa charrue; nous n'avons jamais pu obtenir d'autre réponse que celle-ci : Tout ce que je puis vous dire, c'est que j'ai été heureux un instant. »

Tout ne fut donc pas si terrible dans ce mystérieux colloque de Saint-Michel. Et, qui sait? Peut-être la Sainte Vierge fit-elle connaître alors à M. Lallemend qu'elle l'avait choisi pour procurer sa gloire et sauver son sanctuaire.

Quoiqu'il en soit, ajoute M. le curé de Montbouy, « ce fut après ce colloque que mon père prit la résolution de sauver de la ruine qui la menaçait, la Petite-Eglise de Saint-Dié dont il venait d'apprendre la mise aux enchères. »

CHAPITRE XI

UN DERNIER MOT SUR LA PETITE-ÉGLISE

La Petite-Eglise n'est point paroissiale. Elle ne le fut jamais. C'est la Grande Eglise qui est à la fois cathédrale et paroissiale, comme jadis elle servait pour la collégiale et pour la paroisse. Néanmoins, dans une foule de circonstances, la Petite-Eglise offre un lieu de réunion pour des offices paroissiaux, ou pour diverses œuvres de piété chrétienne. La dévotion à Marie, plus encore que les exigences de la nécessité, ont fait choisir l'Eglise de Notre-Dame, comme le sanctuaire spécialement affecté à certaines dévotions. N'est-ce pas chez Elle qu'il faut surtout honorer Marie?

Aussi lorsque revient le mois de mai, le mois de Marie, c'est à la Petite-Eglise que se rendent, confiants et pieux, les nombreux clients de la Reine du Ciel. Devant sa douce image, devant son autel brillamment illuminé et richement décoré, ils s'agenouillent chaque soir et prient avec ferveur.

C'est encore à l'Eglise Notre-Dame que les Demoiselles de la Congrégation se réunissent le dimanche pour chanter leur office. On sait que ces congrégations, si nombreuses en Lorraine, sont placées sous le patronage de la Vierge Immaculée, et qu'elles exercent partout la plus salutaire influence. Les congréganistes de la paroisse de la Cathédrale doivent se féliciter d'avoir à leur disposition un sanctuaire si fameux, et si cher à la Vierge qu'elles font profession d'aimer et de vénérer.

Parmi les œuvres qui réjouissent le saint Cœur de Marie, on doit mettre en première ligne celles qui ont pour but le salut des jeunes gens. A notre époque, plus qu'en aucune autre, peut-être, les jeunes gens méritent d'être l'objet d'un soin tout particulier, précisément parce qu'ils sont plus menacés. Il ne suffit plus de les prémunir contre les passions; il faut encore les mettre en garde contre l'indifférence religieuse et l'incrédulité. Heureux ceux qui viennent chercher un refuge auprès de Marie! Sous son égide, ils seront sauvés.

C'est donc par une heureuse inspiration que les années dernières on a fondé à Saint-Dié le Patronage dit de Notre-Dame-de-Galilée, où cent cinquante jeunes gens de douze à vingt ans trouvent aujourd'hui un abri contre des amusements dangereux et des doctrines perverses.

La pensée qui a fait choisir la Petite-Eglise comme lieu de réunion pour les élèves de la plupart des établissements scolaires de la paroisse n'est pas moins heureuse. Groupés aux pieds de la Ste Vierge, ces enfants sont naturellement inclinés à recourir plus fréquemment à leur Mère du Ciel.

Parfois, d'autres œuvres, non moins intéressantes, rassemblent sous les voûtes du vieux sanctuaire bienfaiteurs et protégés, comme naguère, quand les Demoiselles de Charité y distribuaient des vêtements aux enfants pauvres de Saint-Dié.

* *

On aime à recueillir tout ce qui touche de près ou de loin à un sanctuaire vénéré. C'est à ce titre que nous relaterons les faits qui suivent. L'an 1359, le 3 octobre, Bertrand, évêque de Toul, étant venu à Saint-Dié, conféra la tonsure et les ordres mineurs à quelques étudiants. La cérémonie se fit à la Petite Eglise. Mais avant son départ, le prélat reconnut par acte authentique, que s'il était venu dans l'église de Notre-Dame, et dans celle de saint Dié, ce n'était point pour en faire la visite, mais en qualité de pèlerin, par pure dévotion, et pour y faire ses prières; et que s'il avait conféré la tonsure et les ordres, c'était sans préjudice des droits et libertés de l'église de Saint-Dié. (*Cf. Sommier, Histoire de Saint-Diez,* page 187).

Un autre prélat, l'évêque de Tripoli, messire Gabriel Hugo, suffragant de l'évêque de Strasbourg, administra du 22 au 27 septembre 1665, dans la « petite Eglise de Nostre-Dame » le sacrement de Confirmation, à près de 9.000 personnes, et conféra la tonsure et les ordres mineurs à neuf jeunes gens. (*Regist. Capit.*)

Rodolphe Thierry (pag. 328) et Joseph-Ignace, comte de Rennel, (tome I, page 103) nous apprennent qu'avant les guerres du XVIIe siècle, il y avait à Saint-Dié deux écoles, « l'une pour les garçons et l'autre pour les filles; » qu'après ces désastres, et parce que la ville n'avait point de lieu propre à bâtir une école, les chanoines « étoient contents qu'on là tînt sous la tour de l'Eglise de Notre-Dame, mais qu'ayant reconnu le lieu malsain, et peu capable pour le nombre d'écoliers, ils avaient offert libéralement une autre place. » Ce local scolaire provisoire, situé sous la tour de l'Eglise de Notre-Dame, était apparemment la salle voûtée en berceau, qui se trouve au-dessus de la porte d'entrée, en avant de la tribune, dont elle est séparée par une cloison. Autrement, il faudrait supposer que l'école se tenait sous le porche, ce qui aurait intercepté l'entrée principale de l'église, ou dans la petite chambre à droite du porche, mais alors ce ne serait plus précisément sous la tour.

On dira peut-être que la salle contigüe à la tribune n'aurait pu être qualifiée de *lieu malsain et peu capable pour le nombre d'écoliers,* mais on peut répondre que cette salle devait être au contraire fort peu *capable,* pour contenir les écoliers de la ville de Saint-Dié, et qu'il était difficile de l'aérer convenablement. Au reste, il n'eût pas été nécessaire de beaucoup réfléchir pour reconnaître que le porche ou la chambre voisine étaient des lieux *malsains* et *peu capables,* tandis que ce ne fut qu'à l'épreuve qu'on reconnut l'insuffisance et l'insalubrité du local scolaire. Le texte porte, en effet, qu' « on *reconnut* le lieu malsain et peu capable. »

Quoiqu'il en soit, la salle voûtée dont nous parlons n'a jamais servi de prison à l'officialité du Grand Prévôt, comme l'a prétendu Gravier. (*Histoire de Saint-Dié,* introduction, page 6.) Mais c'est dans cette salle que furent déposées pendant plus de trente ans les archives de l'ancien Chapitre. « L'évêché de Saint-Dié étant sur le point d'être rétabli, écrit M. de Chanteau, on songea à donner à la sacristie un local plus convenable que celui qu'elle avait occupé autrefois. L'évêque, Mgr Jacquemin, désigna au Préfet l'emplacement des archives de l'ancien Chapitre, comme très convenable à cette affectation.

« Cette salle, placée au-dessus de l'ancien cloître, parfaitement éclairée par des fenêtres grillées, était une dépendance naturelle de la cathédrale; elle avait d'ailleurs son entrée dans l'église... et, voulût-on lui conserver sa destination première, il était impossible d'en maintenir l'entrée là où elle était. » (*Notes pour servir à l'histoire du Chapitre de Saint-Dié. Les archives du Chapitre,* page 45.)

Le Sous-Préfet écrivit à Épinal que cette salle était encombrée de papiers, et proposa de nommer un archiviste pour les classer aux frais de l'arrondissement. Le Préfet émit l'avis que ces frais étaient à la charge de la commune, contrairement à la loi du 5 brumaire an V, et les choses en demeurèrent là. Mais trois ans après, Mgr Jacquemin ayant mandé au Préfet qu'il ne pouvait différer plus longtemps de transférer les ornements dans la salle des archives, le Préfet donna des ordres au maire à ce sujet. « Sur ces entrefaites, le maire trouva un local convenable qui consistait en une chambre placée au-dessus de la porte d'entrée de la Petite-Eglise, et pour y faire les aménagements nécessaires, il sollicita l'autorisation de vendre les papiers *inutiles*. Le Préfet approuva ces dispositions le 14 septembre 1826. En conséquence, le maire fit mettre à part 80 layettes qui contenaient, au dire de M. Gravier, tout ce qu'il fallait conserver. » (M. DE CHANTEAU, *ibid.*, p. 47-48.)

Le reste, c'est-à-dire « une quantité assez considérable de papiers, une collection de parchemins, deux vieux coffres, une armoire en chêne, 19 autres petites armoires et quelques vieilleries » (*Rapport du sieur Lotz*), fut vendu le 21 septembre 1826 pour la somme de 744 fr. 05 centimes.

Les archives capitulaires ainsi réduites par la faute de l'administration, et en particulier par la faute de Gravier qui avait déclaré *inutiles* la plupart des pièces dont elles se composaient, furent donc déposées dans la salle de la Petite-Eglise à la fin de 1826, et elles y restèrent jusqu'en 1859. A cette époque, une dépêche ministérielle prescrivit au Préfet de revendiquer les titres du chapitre de Saint-Dié antérieurs à 1790, et de se concerter à l'amiable avec l'autorité ecclésiastique. On s'imaginait, au ministère, que ces archives étaient demeurées au pouvoir du clergé. C'était une erreur. Depuis la Révolution, la municipalité de Saint-Dié en avait gardé exclusivement la possession, et ce serait une injustice que de rendre l'administration ecclésiastique responsable de la perte de tant de précieux documents.

Lors donc qu'en 1859, on s'adressa de la Préfecture aux bureaux de l'Evêché, « l'Evêque répondit au Préfet qu'il n'avait aucun droit sur les archives, et que la ville les regardait comme sa propriété. On dut s'adresser au Maire, qui en connaissait à peine l'existence ; tout ce qu'il put dire, c'est que M. Edouard Ferry, avocat, en avait la clef, qu'il ignorait qui la lui avait remise, et qu'il était certain qu'il n'en existait pas de double à la mairie. » (M. DE CHANTEAU, *ibid.*, page 55.) Ce fut alors qu'on transféra les archives du Chapitre de Saint-Dié, de la Petite-Eglise aux archives départementales des Vosges, où elles se trouvent actuellement.

* *

Autrefois, une fondation assurait l'entretien d'un cierge brûlant devant la statue de Notre-Dame à la Petite-Eglise. Aujourd'hui, la fondation n'existe plus, mais de pieuses libéralités entretiennent une lampe toujours allumée, devant l'image vénérée. Avant de quitter ce béni sanctuaire, prosternons-nous en esprit devant la sainte Madone, offrons-lui nos hommages et notre amour, et supplions-la de nous obtenir le feu de la vraie charité, qui brûla toujours dans son cœur, et dont la lampe de son sanctuaire nous offre le symbole.

APPENDICE

LE CULTE DE LA SAINTE VIERGE A SAINT-DIÉ

La dévotion à la Sainte Vierge fut implantée à Saint-Dié par saint Dié lui-même. Nous avons dit comment ce pieux évêque fit jeter au VIIe siècle les fondements du premier sanctuaire de Marie. Son successeur dans la direction du monastère des Jointures, le saint archevêque Hydulphe était lui aussi le dévot serviteur de Marie. Il l'avait bien montré à Moyenmoutier, où il avait bâti un oratoire en son honneur. Dans la suite des siècles, cette dévotion a pu subir des vicissitudes de ferveur ou de relâchement, mais elle s'est constamment maintenue. Les reconstructions et les restaurations de l'église Notre-Dame en sont la preuve irrécusable. La plupart des faits particuliers qui témoigneraient de cette dévotion n'ont pu, on le comprend, échapper à l'oubli. Rarement de tels faits sont consignés dans des archives, et d'ailleurs les archives de Saint-Dié ont péri en grande partie. Quelques traits cependant nous ont été conservés comme par hasard, et nous nous plaisons à les recueillir. Ces rares épis que nous glanons modestement dans le champ de notre histoire locale, ne formeront jamais une gerbe; mais la Bonne Vierge Marie, à la gloire de laquelle nous les recherchons, voudra bien les accepter comme un hommage de notre filiale et respectueuse tendresse.

Tout incomplet que soit notre travail sur la Petite-Eglise, il établit déjà la persévérance du culte de Marie à Saint-Dié. Achevons notre démonstration en apportant quelques nouveaux témoignages.

« L'an 1130, Elisabeth d'Autriche, relicte (veuve) de Ferri III, duc de Lorraine, pour le bien de l'âme du dit son époux, du duc Raoul leur fils et d'elle, donne 60 solds et deux resaux de bled, à prendre annuellement sur la terre et seigneurie d'Anould, avec une livre de cire, à l'église de Notre-Dame, de Sainct-Diey. » (Jean RUYR, page 265.) On voit qu'au XIIe siècle l'église de Notre-Dame était un sanctuaire aimé et connu.

Nous avons parlé du clergé attaché au service de la Petite-Eglise. Cette institution remonte apparemment à l'origine de l'église elle-même. Quoiqu'il en soit, nous en pouvons affirmer l'existence dès le XIVe et même le XIIIe siècle. Le Grand Prévôt de Riguet, dans ses *Titres* sur Saint-Dié, parle du testament de Ferri de Sainte-Marguerite, « vicaire du Moustier Nostre-Dame » en 1296 ; et le *Livre Rouge* (fol. 23, recto) mentionne en l'année 1351 « sire Martin, vicaire de Notre-Dame de Saint-Diel. »

Citons maintenant quelques noms de personnages appartenant à l'église de Saint-Dié et recommandables par leur piété envers Marie.

Pierre d'Ailly, cardinal de Cambray et Grand-Prévôt de Saint-Dié, de 1414 à 1417, fut un zèlé défenseur de l'Immaculée-Conception de la Sainte Vierge. A une époque où l'Eglise n'avait pas encore défini comme dogme de foi ce glorieux privilège de Marie, il soutint une célèbre dispute à ce sujet contre l'évêque d'Evreux. Il y convainquit si bien son adversaire qu'il l'obligea à donner par écrit une rétractation des propositions qu'il avait avancées.

Le chanoine de Saint-Dié, Pierre de Blaru, dont nous avons déja signalé la fondation en faveur de l'église Notre-Dame, témoigne clairement sa dévotion à la Sainte Vierge dans l'épitaphe qu'il s'est composée lui-même, en français du temps.

> O Messyas Jhesus-Christ, angulaire pierre,
> Pitié prends et mercy de moy, feu pécheur Pierre.
> Infernale prison m'est due ; *mais ta mère*
> *Donne espoir à ma crainte horrible et fort amère.*
> Pour me racheter, prins (pris) en Vierge chair humaine,
> Mais du ciel suis forclos, si grâce ne m'y meine (mène).
> Las ! vray Dieu, donne-moi le privilège d'estre
> Où qu'est le lerre (larron) heureux qui pendit à ta dextre.
> *Plus deturbarer,* si nunc cum dormio farer (1).

Ces deux mots *plus deturbarer* sont l'anagramme du nom de *Petrus de Blarru.* Cet anagramme se trouve déjà au 6ᵉ livre de la Nancéïde.

Un autre chanoine de Saint-Dié, Gauthier Lud, nous a laissé diverses preuves de sa dévotion à la Sainte Vierge.

Le savant et pieux chanoine avait établi une imprimerie à Saint-Dié. Il consacra les premiers essais de ses presses

(1) Je serais trop troublé, si je parlais encore, maintenant que je dors.

à la publication de l'office de la fête de la Purification de la Sainte Vierge et de la Présentation de Jésus-Christ au temple. Gravier nous décrit l'exemplaire qu'il a eu entre les mains. Il se composait de trois feuilles in-4°, imprimées à deux colonnes, en lettres rondes, sans chiffres ni réclame. D'après le même Gravier (page 203), cet exemplaire remonterait à l'an 1494. Mais cette date a été plusieurs fois contestée, et notamment par M. Beaupré. (*Recherches sur les commencements de l'imprimerie lorraine*, page 62.) Nous n'interviendrons pas dans le débat. Un point qui nous intéresse davantage, c'est qu'au verso du dernier feuillet de cet exemplaire, Gauthier Lud avait écrit, outre un distique latin sur son nom (1), le cérémonial observé à Saint-Dié dans la fête de 1494, et qui, sans doute, devait servir de règle pour les années suivantes.

Les frais de ce cérémonial étaient assurés par une fondation du pieux chanoine. Quant au cérémonial en lui-même, il était de nature à donner à la fête un cachet de popularité et rappelle les *Mystères* du moyen-âge. Voici comment Chanzy (*Précis chronologique de l'Histoire de la ville de Saint-Dié*, page 107) nous le décrit d'après Gravier : « De jeunes enfants étaient chargés des rôles du grand-prêtre, de l'Enfant Jésus, de la Reine des Cieux sa mère, d'Anne la Prophétesse (2). La jeune fille qui remplissait le rôle de la Reine des Cieux, était vêtue d'une robe d'une riche étoffe blanche ; celle qui remplissait le rôle d'Anne la Pro-

---

(1) Ce distique est assez curieux :
    Post *bis quinque*, sedens *alter* quem *quinque* sequuntur,
    Et *tuba* cum *ludo* (si caret orbe), vocor.

Le mot de l'énigme est WalterVs Lud, où l'on trouve d'abord deux V, *bis quinque*, puis *alter*, puis V, *quinque*, puis un S qui ressemble à une trompette recourbée, et enfin le mot *ludo*, moins o, *orbe*.

(2) M. Chanzy écrit : « de la Reine des Cieux, *de sa mère Anne la Prophétesse*. » Il fait ici confusion entre sainte Anne, épouse de saint Joachim et mère de la Sainte Vierge, et Anne la Prophétesse, fille de Phanuel, de la tribu d'Aser (Luc II, 36), qui assistait à la cérémonie de la Présentation de Jésus au Temple, à Jérusalem, en même temps que le saint vieillard Siméon.

phétesse, était vêtue d'une robe d'étoffe de laine. La cérémonie consistait en une procession dont deux petits garçons ouvraient la marche, portant le pain et le vin pour le sacrifice. Les principaux acteurs, vêtus chaque année aux frais de la fondation, étaient suivis de trente petites filles. Après l'office du soir, les acteurs et leur suite étaient conviés à un banquet composé à perpétuité de mets de même qualité : un gros fromage, six douzaines de tartelettes, quelques grandes tartes et des fruits. Les chanoines, les vicaires et tous les servants de l'église recevaient une légère gratification, à titre de droit d'assistance à la cérémonie. »

Le même chanoine Gauthier ou Vautrin Lud avait fondé à Ortimont, près Saint-Dié, une chapelle en l'honneur de Notre Dame de Consolation. On la connaît aujourd'hui sous le nom de *Saint-Roch*. Elle fut enrichie d'indulgences en 1529 et en 1541. A cette première date, Jean, cardinal de Lorraine, accorda à la prière de Jean Lud, neveu du fondateur, conseiller et secrétaire du duc de Lorraine, cent jours d'indulgence à ceux qui visiteraient la chapelle d'Ortimont aux fêtes de la Conception, de la Purification, de la Visitation, de l'Assomption et de la Nativité de la Sainte Vierge. En 1541, le sept des calendes de décembre (25 novembre) le pape Paul III accorda les mêmes indulgences à ceux qui, visitant la chapelle dédiée « sous l'invocation de la Bienheureuse Vierge Marie de la Consolation, du lieu nommé d'Ortimont, hors des murs de la ville de Saint-Diey » y réciteront un *Pater* et un *Ave*, soit le samedi, soit aux fêtes de la Sainte Vierge, soit au jour anniversaire de la Dédicace de la chapelle.

La pieuse fondatrice des Bénédictines de l'Adoration perpétuelle du Très Saint Sacrement, Catherine de Bar, (en religion mère Mechtilde du Saint-Sacrement), née à Saint-Dié le 31 décembre 1614, aimait dès sa plus tendre enfance à visiter la chapelle de Notre Dame d'Ortimont. Ecoutons un de ses biographes, qui emprunte lui-même son récit à Mlle de Vienville, petite-nièce de mère Mechtilde : « Cathetherine, à qui l'on permettait d'aller seule à l'église des Capucins (1) pour y entendre la sainte messe, partait un moment avant l'heure, courait au sanctuaire vénéré, saluait Notre Dame, et, se faisant sa petite servante, elle balayait sa modeste demeure, ornait son autel de quelques fleurs, lui adressait de nouveau ses vœux, et revenait ensuite en toute hâte, afin de ne se point laisser découvrir. La Mère de Dieu cependant accompagnait ses pas et la couvrait de son ombre; jamais dans ses pieuses courses il ne lui arriva rien de fâcheux. » (*Vie de la T. M. R. Mechtilde du Saint-Sacrement, par M. Hervin et M. Dourlens, pag. 16*) (2).

Les Actes Capitulaires nous parlent incidemment de plusieurs manifestations du culte de la Sainte Vierge à Saint-Dié. On y voit que depuis longtemps la Confrérie du Saint Rosaire était érigée dans la paroisse principale; qu'aux jours de dimanche et de fête, le grand-prêtre, c'est-à-dire le chanoine officiant, portait processionnellement une image ou statue de Notre-Dame (*19 août 1653*); et qu'on sollicitait

(1) L'église des Capucins fut transformée après la Révolution de 1789, en une maison d'habitation, qui se trouve en face de la place Stanislas. La maison de Catherine de Bar était dans la Grande rue. C'est aujourd'hui la maison Lung, n° 27.

(2) La maison attenant à la chapelle servit en 1528 à loger les pestiférés. Quant à la chapelle, elle était à la collation du Chapitre, et il y avait des messes fondées. (*Registre Capit., mai 1688*). Sur le retable de l'autel, se trouve une bonne peinture sur bois, représentant l'Assomption, avec saint Sébastien à gauche, et *saint Roch à droite*. On y voit aussi une statuette de saint Roch. Dans le piédestal de la statue se trouve une relique du saint, avec cette inscription : *Ex ossibus Sancti Rochi confessoris*. L'autel et les peintures sont du commencement du XVIIe siècle, comme on peut voir par l'inscription qu'on lit sur l'extrémité droite du gradin : *Hanc tabulam dicabat C. Voirin Canonicus San-Deodatensis in honorem Beatæ Mariæ Virginis et Sanctorum in eâ depictorum, Anno Domiui 1625*. Cette peinture fut dédiée par C. Voirin, chanoine de Saint-Dié, en l'honneur de la Sainte Vierge et des Saints qu'elle représente, l'an du Seigneur 1625. Est-ce seulement depuis 1625, ou depuis la fondation de la chapelle par Gauthier Lud que saint Roch y est honoré? Est-ce en souvenir des pestiférés qu'on avait logés à Ortimont en 1528, et dont saint Roch est l'un des plus puissants protecteurs. Serait-ce par allusion à la confrérie de saint Sébastien fondée par Gauthier Lud, (*Gravier, pag. 206*) pour porter secours aux malheureux atteints de la peste? Toutes ces conjectures ont quelque chose de plausible, mais c'est tout ce que nous pouvons dire.

des indulgences pour les fêtes de l'Assomption (*3 mars et 12 avril 1650*).

La paroisse Saint-Martin avait aussi une Confrérie en l'honneur de la Sainte Vierge, en faveur de laquelle on obtint des indulgences en 1706 et en 1707.

La grande église offrait deux chapelles dédiées à la Sainte Vierge, celle de *Notre-Dame de Pitié* (*Act. Capit.*, 10 mai 1690), et celle de la *Blanche Mère de Dieu*. Cette dernière était à la collation du chantre. Le doyen Jean Monget y fonda une messe journalière à l'heure de Prime, et donna à cet effet 900 francs le 20 juillet 1471, et cent autres francs l'année suivante, pour parfaire la somme de mille francs, et mieux assurer l'exécution de sa fondation. (RIGUET, *Mémoires manuscrits*.)

* *

Une des plus touchantes preuves de la dévotion des habitants de Saint-Dié envers Marie, c'est l'*ex-voto* qu'on voit encore aujourd'hui sur la façade de la maison n° 6 de la Petite Rue Concorde. Il rappelle le grand incendie du 27 juillet 1757, qui dévora cent vingt-quatre maisons de la ville, y compris le couvent et l'église des Capucins (RIGUET), et qui épargna ce quartier de la ville, connu alors sous le nom de *quartier du puits*. Cette préservation fut communément attribuée à une protection spéciale de la Sainte Vierge. Et quelques années plus tard, deux pieux époux se firent les interprètes de leurs voisins et compatriotes, en érigeant le petit monument commémoratif dont nous parlons.

Ce monument, fort simple d'ailleurs, consiste en une statue de pierre, d'environ 70 centimètres de hauteur, placée dans une niche, et représentant une Vierge-Mère. Au-dessous de la statue, sur une table de bois peint, encadrée d'une moulure saillante, on lit cette inscription, dont la pensée vaut mieux que la poésie :

Reine de l'univers, en tous lieux honorée,
De Jésus triomphant ici-bas visitée,
A nos Pères mourants autrefois secourable,
Par ton fidèle époux tu leur fus favorable.

De cet affreux volcan qui consuma ces lieux,
Tu daignas préserver ce quartier de ses feux ;
Daigne encore à jamais prendre sous ta puissance
Les cœurs de tes enfants pleins de reconnoissance.
Vota suscipe Virgo (1).

Deux autres inscriptions placées de chaque côté de ces vers, mais écrites en plus petits caractères, servent comme de légende explicative.

Celle qui est à droite du spectateur est ainsi conçue :

CETTE VIERGE A ÉTÉ
BÉNITTE LE 12 AOÛT 1762
PAR FR. JEAN-BATISTE
REGNIER PRÊTRE ET CURÉ
DE LA VILLE DE SAINT-DIÉ.

Quant à celle de gauche, elle contient la mention suivante :

PREMIER REPOSOIR DU
SAINT SACREMENT FAIT
ICI LE 10 JUIN 1762.
LA PESTE CESSA A
SAINT-DIÉ PAR UN VŒU
FAIT A SAINT JOSEPH EN
L'AN 1650.
QUARTIER DU PUIT ÉTANT
PRÉSERVÉ DE L'INCENDIE
ARRIVÉ LE 27 JUILLET
1757.
VŒU DE DOMINIQUE
RENARD ET DE CLAIRE RENFEING
SA FEMME PAR EUX ET LEURS
VOISINS EN 1757.

Bénie soit la Vierge Puissante qui éteignit jadis les flammes de l'incendie ! Sans parler du service éminent qu'elle rendit aux habitants de ce quartier, elle nous a conservé dans cette partie de notre ville, la physionomie du vieux Saint-Dié.

Béni soit aussi saint Joseph, son chaste et glorieux époux, qui fit cesser la peste qui ravageait la ville au XVIIe siècle ! En reconnaissance de ce bienfait, la fête de saint Joseph fut dès lors chômée dans la paroisse de Saint-Dié. « Cette fête, dit Mgr de Chaumont de la Galaizière, dans ses statuts synodaux (page 85), n'est établie que pour la paroisse de la ville

---

(1) C'est-à-dire, Vierge, recevez nos vœux.

de Saint-Diez, à cause du vœu fait par ses habitants en l'année 1650 : elle a lieu même dans le cas de sa translation à un autre jour. »

Un vieux tableau, conservé à la Cathédrale, près du passage qui donne accès au cloître, fait allusion à cette protection dont le vénérable patriarche couvrit la ville de Saint-Dié. Sous une forme allégorique, cette peinture représente la fin de la peste. La ville, sous l'emblème d'une femme agenouillée, invoque le saint, qui reçoit des mains d'un ange, un rameau d'olivier. (¹)

(1) Nous voudrions dire un mot du culte de saint Joseph à Saint-Dié.
Le 18 janvier 1650, le Chapitre de l'église collégiale prenait la délibération suivante, relative à l'érection d'une Confrérie de saint Joseph. Nous la traduirons presque en entier.

« Le doyen, les chanoines et le Chapitre de l'église insigne de Saint-Dié, à Saint-Dié, immédiatement soumise au Saint-Siège, à tous les fidèles de Jésus-Christ auxquels il importera de connaître les présentes, salut dans le Seigneur. Sachent tous que nous susdits, doyen, chanoines et Chapitre, assemblés selon l'usage, le 18 janvier 1650, vers huit heures, en notre salle capitulaire, pour traiter des affaires de notre église..... ; considérant la durée et la rigueur des châtiments dont la colère divine punit les péchés de son peuple, et le besoin que nous avons d'un puissant défenseur, pour obtenir les effets de la céleste miséricorde, avons cru faire œuvre très agréable à Dieu, à N. S. Jésus-Christ, à sa Sainte Mère, et très utile à cette ville, en favorisant l'honneur et la gloire du Père nourricier de l'Enfant-Dieu.

« A ces causes, et pour d'autres encore, mais surtout en vue d'apaiser la justice divine irritée contre nous, d'attirer la miséricorde de Dieu sur notre patrie, spécialement sur cette ville et sur tous ses habitants et d'obtenir la paix; nous, doyen, chanoines et Chapitre, de notre autorité ordinaire..... avons érigé et érigeons, confirmé et confirmons canoniquement et à perpétuité une Confrérie, sous l'invocation de saint Joseph, dans celle des chapelles de notre église qu'on désigne sous le nom de Chapelle dorée (*Capellâ inauratâ nostri templi nuncupatâ*).

« ..... Nous exhortons donc tous les fidèles de cette ville, de l'un et de l'autre sexe, à s'enrôler dans cette sainte Confrérie, à en observer les statuts que nous promulguerons bientôt, afin d'obtenir, par un si puissant intercesseur, la paix, l'abondance, mais surtout la grâce d'une bonne mort. En foi de quoi, le présent acte fut rédigé, muni de notre sceau, souscrit de la main de notre secrétaire, et inséré dans les actes de notre Chapitre, les an, jour et mois avant-dits, indiction seconde, en la cinquième année du pontificat de N. S. Père le Pape Innocent X. » (*Actes capitul.*)

Quelques jours après, le Chapitre décidait qu'on célèbrerait désormais la fête de saint Joseph avec la même solennité que les fêtes de Notre-Dame, et qu'on l'annoncerait par la sonnerie des grosses cloches. (*Actes capitul., janvier 1650.*) En 1650, Innocent X accorda des

Nous sommes heureux de le constater, le culte de la sainte Vierge est toujours populaire à Saint-Dié. On aime à venir prier devant les Madones vénérées de Notre-Dame de Pitié et de Notre-Dame du Perpétuel Secours, à la Cathédrale, et Notre-Dame du Sacré-Cœur à l'église Saint-Martin. On prie et on est exaucé. De nombreux *ex-voto* en font foi. On aime à venir s'agenouiller dans le vieux sanctuaire de Notre-Dame. On aime à venir saluer la statue de Notre-Dame de Lourdes, dans la Grotte, imitée de celle de Massabielle, qu'on a récemment construite sur les terrains du Grand Séminaire.

O Marie, Vierge Immaculée, daignez bénir et protéger à jamais le diocèse, la ville et le Séminaire de Saint-Dié.

indulgences aux membres de la Confrérie de saint Joseph et à ceux qui visiteraient la chapelle. Nous lisons encore dans le même Registre capitulaire (*18 mars 1664*) que « Messieurs ont résolu de dire les Litanies de Notre-Dame en la chapelle Saint-Joseph, pour les nécessités du pays, depuis le jour du dit saint Joseph, 19 du courant, jusqu'au dimanche suivant, après Complies. » — « Et maintenant encore, ajoutait M. le chanoine Coly, à sa fête et aux deux jours qui la précèdent et la suivent, on chante ses litanies à son autel. » Nous ajouterons nous-même que la chapelle de saint Joseph, située du côté de l'épître, près du transept, est richement et gracieusement décorée. Tous les jours du mois de mars, on y célèbre une messe à sept heures, après laquelle on récite des litanies et quelques oraisons en l'honneur de saint Joseph.

FIN

TABLE DES MATIÈRES

	Pages.
Le Sanctuaire de Notre-Dame à Saint-Dié	5
I. — Origine du Sanctuaire	6
II. — Coup d'œil sur la Petite-Eglise	8
III. — Le manuscrit des miracles opérés par Notre-Dame de Saint-Dié au XIII° siècle	14
IV. — Les miracles de Notre-Dame de Saint-Dié au XIII° siècle	17
V. — Les autres miracles opérés par Notre-Dame de Saint-Dié.	44
VI. — Le Pèlerinage de Notre-Dame de Saint-Dié	52
VII. — Le nom du Pèlerinage	56
VIII. — L'Image miraculeuse	63
IX. — Le Chapitre de Saint-Dié et l'église Notre-Dame	66
X. — Comment la Petite-Eglise échappa à la destruction et à l'hérésie	79
XI. — Un dernier mot sur la Petite-Eglise	83
XII. — *Appendice*. — Le culte de la Sainte Vierge à Saint-Dié	88

St-Dié, Imp. L. Humbert.

www.ingramcontent.com/pod-product-compliance
Lightning Source LLC
Chambersburg PA
CBHW070308100426
42743CB00011B/2395